Dresdner Beiträge zur Hethitologie

Herausgegeben von
Johann Tischler

Band 20

2006
Harrassowitz Verlag · Wiesbaden

Detlev Groddek

Hethitische Texte in Transkription KUB 60

2006
Harrassowitz Verlag · Wiesbaden

Die Abbildung auf der Umschlagrückseite bietet eine Nachzeichnung des hieroglyphenluwischen Siegels ZN 1769 der Skulpturensammlung, Staatliche Kunstsammlungen Dresden.

Bibliografische Information Der Deutschen Bibliothek:
Die Deutsche Bibliothek verzeichnet diese Publikation in der Deutschen Nationalbibliografie; detaillierte bibliografische Daten sind im Internet über http://dnb.ddb.de abrufbar.

Bibliographic information published by Die Deutsche Bibliothek:
Die Deutsche Bibliothek lists this publication in the Deutsche Nationalbibliografie; detailed bibliographic data is available in the internet at http://dnb.ddb.de.

Informationen zum Verlagsprogramm finden Sie unter
http://www.harrassowitz.de/verlag

Gedruckt auf alterungsbeständigem Papier.
Satz und Layout: Detlev Groddek
Druck und Verarbeitung: Hubert & Co, Göttingen
Printed in Germany
ISSN 1619-0874
ISBN 3-447-05364-X ab 1.1.2007: 978-3-447-05364-8

INHALT

EINLEITUNG

Zu Anlage und Zielsetzung des vorliegenden Bandes, eines Transkriptes von Horst Klengel, Keilschrifturkunden aus Boghazköi Heft 60. Texte verschiedenen Inhalts, Berlin 1990 (Akademie der Wissenschaften der DDR. Zentralinstitut für Alte Geschichte und Archäologie), sei auf die Einleitung des Vorgängers DBH 2, p. IX-XI, verwiesen. Die Abkürzungen der herangezogenen Literatur erfolgen wieder in Anlehnung an das CHD *P* VII-XXVI (siehe auch CHD *Š* VI-VIII). An zusätzlichen (bzw. abweichenden) Abkürzungen finden Verwendung:

AOAT 318	Hutter, Manfred/Hutter-Braunsar, Sylvia (Ed.), Offizielle Religion, lokale Kulte und individuelle Religiosität. Akten des religionsgeschichtlichen Symposiums „Kleinasien und angrenzende Gebiete vom Beginn des 2. bis zur Mitte des 1. Jahrtausends v.Chr.“ (Bonn, 20. 22. Februar 2003), Münster 2004 (= AOAT 318)
ArchAn	Archivum Anatolicum/Anadolu Arşivleri, Bd. 1ff., Ankara 1995ff.
Boley, IBS 60	Boley, Jacqueline, The Sentence Particles and Place Words in Old and Middle Hittite, Innsbruck 1989 (= IBS 60)
Cohen, THeth 24	Cohen, Yoram, Taboos and Prohibitions in Hittite Society. A Study of the Hittite Expression *natta āra* (‚not permitted’), Heidelberg 2002 (= THeth 24)
Dardano, StBoT 47	Dardano, Paola, Die hethitischen Tontafelkataloge aus Ḫattuša (*CTH* 276-282), Wiesbaden 2006 (= StBoT 47)
DBH 10	Groddek, Detlev/Rößle, Sylvester (Ed.), *Šarnikzel.* Hethitologische Studien zum Gedenken an Emil Orgetorix Forrer (19.02.1894-10.01.1986), Dresden 2004 (= DBH 10)
Eothen 11	de Martino, Stefano/Pecchioli Daddi, Franca (Ed.), Anatolia antica. Studi in memoria di

	Fiorella Imparati, 2 Bde, Firenze 2002 (= Eothen 11)
FS Haas	Richter, Thomas/Prechel, Doris/Klinger, Jörg (Ed.), Kulturgeschichten. Altorientalistische Studien für Volkert Haas zum 65. Geburtstag, Saarbrücken 2001
FS Hoffner	Beckman, Gary/Beal, Richard/McMahon, Gregory (Ed.), Hittite Studies in Honor of Harry A. Hoffner Jr. on the Occasion of His 65th Birthday, Winona Lake 2003
FS Schlerath	Hänsel, Bernhard/Zimmer, Stefan/Dunkelmann, Marie-Luise/Hintze, Almut (Ed.), Die Indogermanen und das Pferd: Akten des Internationalen interdisziplinären Kolloquiums Freie Universität Berlin, 1.-3. Juli 1992. Bernfried Schlerath zum 70. Geburtstag gewidmet, Budapest 1994 (= Archaeolingua 4)
García Trabazo/Groddek, DBH 18	García Trabazo, José Virgilio/Groddek, Detlev, Hethitische Texte in Transkription. KUB 58, Dresden 2005 (= DBH 18)
Groddek, DBH 4	Groddek, Detlev, Hethitische Texte in Transkription. KUB 55, Dresden 2002 (= DBH 4)
Groddek, DBH 14	Groddek, Detlev, Hethitische Texte in Transkription. KUB 59, Dresden 2004 (= DBH 14)
Groddek, DBH 15	Groddek, Detlev, Hethitische Texte in Transkription. KUB 51, Dresden 2004 (= DBH 15)
Groddek, IJDLS 1	Groddek, Detlev, Eine althethitische Tafel des KI.LAM-Festes, München 2004 (= International Journal of Diachronic Linguistics and Linguistic Reconstruction, Supplement 1)
Haas, MMMH	Haas, Volkert/Bawanypeck, Daliah, Materia magica et medica Hethitica. Ein Beitrag zur Heilkunde im Alten Orient, 2 Bde, Berlin - New York 2003
Haas et al., ChS I/9	Haas, Volkert/Bawanypeck, Daliah/Giorgieri, Mauro/Strauß, Rita, Die hurritischen Ritual-

	termini in hethitischem Kontext, Roma 1998 (= ChS I/9)
Hazenbos, CM 21	Hazenbos, Joost, The Organization of the Anatolian Local Cults during the Thirteenth Century B.C. An Appraisal of the Hittite Cult Inventories, Leiden - Boston 2003 (= CM 21)
Hoffner, Laws	Hoffner, Harry Angier Jr., The Laws of the Hittites. A Critical Edition, Leiden - New York - Köln 1997 (= DMOA 23)
Imparati, Eothen 12	Imparati, Fiorella, Studi sulla società e sulla religione degli ittiti, 2 Bde, Firenze 2004 (= Eothen 12)
JANES	Journal of the Ancient Near Eastern Society Bd. 1ff., New York 1968/69ff,
Kassian et al., AOAT 288	Kassian, Alexei/Korolëv, Andrej/Sidel'tsev, Andrej, Hittite Funerary Ritual *šalliš waštaiš*, Münster 2002 (= AOAT 288)
Klengel, Geschichte	Klengel, Horst, Geschichte des hethitischen Reiches, unter Mitwirkung von Fiorella Imparati, Volkert Haas und Theo P.J. van den Hout, Leiden - Boston - Köln 1999 (= HbOr I/34)
Košak, Konkordanz (1.0)	Košak, Silvin, Konkordanz (aktuelle Fassung 1.0) im Hethitologie-Portal Mainz unter www.hethiter.net
Miller, StBoT 46	Miller, Jared L., Studies in the Origins, Development and Interpretation of the Kizzuwatna Rituals, Wiesbaden 2004 (= StBoT 46)
OAM	Orientis Antiqui Miscellanea, Bd. 1ff., Roma 1994ff.
Pettinato, Gilgamesh	Pettinato, Giovanni, La saga di Gilgamesh, in collaborazione con Silvia Maria Chiodi e Giuseppe del Monte, Milano 1992
Popko, CTH 447	Popko, Maciej, Das hethitische Ritual CTH 447, Warszawa 2003
Schwemer, THeth 23	Schwemer, Daniel, Akkadische Rituale aus Ḫattuša. Sie Sammeltafel KBo XXXVI 29 und

	verwandte Fragmente, Heidelbeg 1998 (= THeth 23)
Singer, Prayers	Singer, Itamar, Hittite Prayers, Atlanta, Georgia 2002 (= Writings from the Ancient World. Society of Biblical Literature 11)
StBoT 45	Wilhelm, Gernot (Ed.), Akten des IV. Internationalen Kongresses für Hethitologie Würzburg, 4.-8. Oktober 1999, Wiesbaden 2001 (= StBoT 45)
StudAeg 17	Bács, Tamás A. (Ed.), A Tribute to Excellence. Studies Offered in Honor of Ernő Gaál, Ulrich Luft, László Török, Budapest 2002 (= Studia Aegyptiaca 17)
Taracha, CHANE 5	Taracha, Piotr, Ersetzen und Entsühnen. Das mittelhethitische Ersatzritual für den Großkönig Tutḫalija (CTH *448.4) und verwandte Texte, Leiden - Boston - Köln 2000 (= CHANE 5)
Torri, StudAs 2	Torri, Giulia, La similitudine nella magia analogica ittita, Roma 2003 (= Studia Asiana 2)
van den Hout, DMOA 25	van den Hout, Theo, The Purity of Kingship. An Edition of CHT[sic] 569 and Related Hittite Oracle Inquiries of Tutḫaliya IV, Leiden - Boston - Köln 1998 (= DMOA 25)
Wegner, ChS I/3.2	Wegner, Ilse, Hurritische Opferlisten aus hethitischen Festbeschreibungen, Teil II. Texte für Teššub, Ḫebat und weitere Gottheiten, Roma 2002 (= ChS I/3.2)

Besonderer Dank sei an dieser Stelle wieder Herrn Yasuhiko Sakuma ausgesprochen, der eine erste, vorläufige Fassung einer kritischen Durchsicht unterzog. Die Konkordanz von Herrn Prof. Silvin Košak (im Hethitologie-Portal Mainz sub www.hethiter.net) wurde bei der Vorbereitung in der Version 1.0 herangezogen. Ihr verdankt der Band mehr, als durch gelegentliche Bemerkungen deutlich wird. Grundsätzlich wären die Angaben zu jedem einzelnen Texte zu vergleichen.

Nummer 1 (Bo 1016)

CTH: 242.5
Datierung: jh.
Anschlüsse: + KUB 40.96
Duplikate: -
Bearbeitung: S. Košak, ZA 84 (1994), p. 288; J. Siegelová, Verw., p. 276-281; S. Košak, THeth 10, p. 81-84; H. Klengel, Geschichte, p. 250

(Rs. III$^{?}$)

4’ I ^{URUDU}GAL KÙ[. LÚ^{ME}]^{Š} ⸢KUR⸣ ^{URU}⸢Ma-a⸣-[ša

5’ I ^{URUDU}ḪAB[.ḪAB ^{URUDU}] ⸢ŠEN⸣ I ^{URU}[^{DU}GA]L I ḫa-zi-⸢la⸣-[

6’ LÚ^{MEŠ} KUR ⸢^{URU}⸣ x[ ]-⸢zu⸣-u̯a-x-⸢ru⸣ I URUDU I TÚG [

7’ TÚG *MA-I̯A-LI* x x x ⸢*ZA-NI*⸣-*IN*$_4$-⸢*NI*⸣ *ŠA* ^{DINGIR}*IŠT*[*AR*

8’ I ^{GIŠ}PAN X ^{GI}GAG.Ú.TAG.G[A] ^{LÚ}:pí-ša-te-x[

9’ ^{m}KI-^{DINGIR}UTU *I-DE* I G[UN] URUDU *ŠU-ŠI* MA.NA [

10’ $^{LÚ.MEŠ}$SIMUG.A TAR-an-z[i ^{URUDU}Š]EN ḫa-pu-na-aš [

11’ ^{m}Ḫi-iš-ni-i-⸢iš DUMU⸣.LUGAL *I*[-*DE* ^{URU}]^{DU}ŠEN ŠU⸢*TI*⸣ [

12’ I ^{URUDU}ŠEN ^{LÚ}*ṬE*$_4$-*ME* GAL *ME-ŠE-D*[*I*] ^{m}Pí-ḫa-aš-ša-A.⸢A⸣ [

13’ III ⸢^{URUDU}GAL⸣ LÚ^{MEŠ} ^{URU}Ma-a-ša [^{m}]x-u̯a-al-ḫu-u̯[a(-)

14’ II ^{URUDU}KIN $^{LÚ.MEŠ}$NAGAR ^{URU}Zi-i[p-p]a-aš-ša-na ^{m}[

15’ VIII ^{URUDU}ŠUKUR IX ^{URUDU}GAL III [^{URUDU}] ⸢ŠEN⸣ LÚ^{MEŠ} [

16’ LÚ^{MEŠ} ^{URU}Za-ga-pu-ra ^{m}UR.[M]AḪ-LÚ GAL ⸢DUB⸣.S[AR^{MEŠ} *I-DE*

17’ III ^{URUDU}GAL I ^{URUDU}ŠEN I ^{URUDU}KI[N] LÚ^{MEŠ} ^{URU}Túḫ-⸢ma⸣-[

18’ ^{m}Tu-ut-tu-uš EN É ⸢*A*⸣-*BU-US-SÍ I-D*[*E*

19’ IV ^{URUDU}ŠEN IV ^{URUDU}ŠUKUR ⸢VII⸣ [^{URU}]^{DU}u̯a-ak-šur IV

^{GIŠ}P[AN

20’ LÚ^{MEŠ} ^{URU}Ha-ti-ti-eš-pa ^{m}[U]R.MAḪ-LÚ ^{m}KI-^{DINGIR}UTU[-

21’ II ^{GIŠ}⸢PAN XL$^{?}$⸣ ^{GI}GAG.Ú.⸢TAG⸣.GA *A-BU* LÚ^{MEŠ}[1] pí-ša-t[e$^{?}$-

22’ III ^{GIŠ}PAN XL ^{GI}GAG.Ú.TAG.GA LÚ^{MEŠ} ^{URU}Kam-ma-ma ^{m}K[I-^{DINGIR}UTU

23’ II ⸢^{URUDU}⸣ŠEN II ^{GIŠ}PAN *ŠU-ŠI* ^{GI}GAG.Ú.TAG.GA DUMU^{MEŠ} ^{m}x[

24’ ^{m}Eḫ-li-LUGAL-ma DUMU.LUGAL *I-DE* ⸢II ^{TÚG}⸣GUZ.ZA I ^{URUDU}ŠEN [ ]

25’ $^{MUNUS.MEŠ}$*NAP-ṬAR-TUM*^{TI} GAL *ME*[-*ŠE-DI*] ⸢^{m}A-li⸣-pí-ḫa-me-eš [

26’ I ^{GIŠ}PAN XX ^{GI}GAG.Ú.TAG.[GA] ⸢I$^{?}$ ^{URUDU}⸣[

Nummer 2 (Bo 1035)

CTH: 212
Datierung: jh. (spät)
Anschlüsse: -
Duplikate: -
Bearbeitung: S. Košak, ZA 84 (1994), p. 288; Th. van den Hout, BiOr 51 (1994), Sp. 120

x+1 [ ](-) ⸢ḫa⸣-x[
2’ [ ]x-da-i nu-ká[n
3’ [na-a]n-za-kán ḫa-aš-da-x[
4’ [ ] ⸢le⸣-e da-at-ti x[
5’ [ ]-⸢i̯a⸣-nu-ut pa-ra-a-ká[n
6’ [le-e ku-i]t-ki e-ep-ti [ ]

---

[1] Nicht ŠEŠ^{MEŠ} mit J. Siegelová, Verw., p. 280.

7' [ ]x[2]-aš-kán *A-NA* [
8' [ ]x-it *A-NA* [
9' [ ]x-nu-un x[
10' [ ]x-li-ik[-
11' [ ]x a-pa-at-ta x x[
12' [ ] du-ud-du-nu-nu-un x[
13' [ ]-⌈ad⌉-da ka-a-aš INIM-aš [*A-NA* *MA-MIT* GAR-ru(?)]

14' [^{m}Ma-na(?)-p]a-^{DINGIR}LAMMA ⌈ma⌉-a-an x[
15' [-]ši ⌈ḪUL⌉-lu [
16' [(-)]da-x[

Nummer 3 (Bo 1046)

CTH: 242
Datierung: jh.
Anschlüsse: -
Duplikate: -
Bearbeitung: -

lk.Kol.

x+1 [S]UM-ir
2' [ ] x x
3' [-]ḫu
4' [ ]
5'' [-d]a-ni-ti[3]
6'' [ ]
7''' [ ] *I-DE*

---

[2] A oder I̯A.
[3] ^{f}D]a-ni-ti ?

8''' [ ]x *I-DE*

r.Kol.

x+1 I [

2' I [

3' I x[

4' I ME LXXX [

5' URUDUK[IN

6' DÙ-an-z[i

7' I URUDUx[

8' I URUDUKIN [

9' IV URUDUK[IN

10' I URUDUx[

11' šu-x[

Nummer 4 (Bo 1047)

CTH: 470
Datierung: jh.
Anschlüsse: -
Duplikate: -
Bearbeitung: M. Popko, Or 61 (1992), p. 470; 3(') H.G. Güterbock, ZA 42 (1934), p. 230

x+1 [ ] x x [

2' [ ]x-kán [ ]x e-eš[-

3' [-a]r-ra-kán pít-te-nu-uš-k[i-

4' [ ] {Rasur} pa-aḫ-ḫa-aš-ša [

5' [iš-ḫu-uz-z]i-it iš-ḫu-uz-zi (-) ⸢i̯a⸣-[an-

6’ [ ] ^{NA_4}ZÚ-it-ta pa-aḫ[-
7’ [ ]x-uš ki-la-mu-uš [
8’ [ ]x-mi a-ra-⌜an⌝-[
9’ [ ]x-uš [

Nummer 5 (Bo 1048)

CTH: 470
Datierung: jh.
Anschlüsse: -
Duplikate: - (vgl. KBo 22.142 IV 3’-7’)
Bearbeitung: Th. van den Hout, BiOr 51 (1994), Sp. 121; M. Popko, Or 61 (1992), p. 470

---

x+1 [^{URUDU}ga-a]k-ka$_4$-ri-iš NAGGA I ga-a[k-
2’ [ ] ⌜I MA.NA⌝ lu-ul-lu-ri I ÁBxA ZABAR I [
3’ [GUNN]I ZABAR I GAL ZABAR I *AŠ-ḪA-L*[*UM*
4’ [ ] I ša-ra-aš-ši-iš ZABAR I ḫu-u-⌜up⌝-[

5’ [ ] ⌜*ŠA*⌝-*GA*-⌜*RU-Ú*?⌝ [
6’ [ ] x x [

Nummer 6 (Bo 1062)

CTH: 670
Datierung: jh.
Anschlüsse: -
Duplikate: -
Bearbeitung: S. Košak, ZA 84 (1994), p. 288

Vs.

x+1 x[

2’ I GU$_4$.M[AḪ
3’ ⸢*A*⸣-*NA* ^{DINGIR}x[
4’ ⸢ŠÀ⸣.BA I x[

5’ I GU$_4$.MAḪ [
6’ ⸢*A*⸣-*NA* ^{DINGIR}x[
7’ [ ]x III [

Rs.

1 [EG]IR-*ŠU*-ma ^{DINGIR}Gul-š[e-eš
2 [ ] NINDA.GUR$_4$.⸢RA VI⸣ NINDA.GUR$_4$.RA [
3 ⸢^{DINGIR}⸣UTU-uš ú-iz-zi [
4 pa-ap-pár-aš-ša-an-z[i
5 ⸢e⸣-ku-zi I NINDA.⸢GUR$_4$⸣.[RA

---

6 EGIR-*ŠU*-ma ^{DINGIR}[
7 ir-ḫa-at-ti ⸢an⸣-[
8 pár-ši-i̯a x[
9 III NINDA.GUR$_4$.⸢RA⸣ [
10 [ ]x x [

Nummer 7 (Bo 1076)

CTH: 470
Datierung: jh.
Anschlüsse: -
Duplikate: -
Bearbeitung: -

Vs.

x+1 [(-)]an-ni[(-)

2’ [ ] x x x [
3’ [ ] x [
4’ [ ]x-⸢an⸣-na-aḫ-pát [
5’ [ ]x-u̯a-at-ta [
6’ [ ]x-u̯a-an-u̯a-x[
7’ [ ]x x ^{GIŠ}ŠÚ.A-aš [
8’ [ ]x *ŠA* ^{LÚ}KÚR [
9’ [ ]x ^{GIŠ}ŠÚ.A-aš [
10’ [ ]-⸢in⸣-ni-ir (-)nu x[
11’ [ ] x x *TA-P*[*AL*

12’ [ ]x al-u̯a-an-⸢za⸣-[
13’ [ ] x x [
14’ [ ]x-⸢ti⸣-x-x[
15’ [me-n]a-aḫ-ḫa-an-da [
16’ [ ]x ^{DINGIR}U-aš [

Nummer 8 (Bo 1099)

CTH: 582
Datierung: jh.
Anschlüsse: -
Duplikate: -
Bearbeitung: Th. van den Hout, BiOr 51 (1994), Sp. 121; M. Popko, Or 61 (1992), p. 470

vor Vs.$^{?}$ 6’ nur wenige Zeichen lesbar

6’ [ ] x x x x x aḫ-ru-ša-⸢aš⸣-š[a
7’ [ ] ⸢a⸣-ni-i̯a-an-zi ⸢UN!⸣^{MEŠ}-an-ni-i̯a x[
8’ [a]r-ḫa a-ni-i̯a-an-zi [ ]

9' [ ] x x x-kán ^{DINGIR}*IŠTAR* ^{URU}Am-ma-na x x[

10' [*IŠ-TU* DINGI]R^{LIM} a-ri-i̯a-zi [ ]

11' [ ]x-na-i̯a-kán x x [

Nummer 9 (Bo 1101)

CTH: 516
Datierung: mh.
Anschlüsse: + KUB 12.36
Duplikate: KUB 30.37
Bearbeitung: S. Košak, ZA 84 (1994), p. 288; Th. van den Hout, BiOr 51 (1994), Sp. 121; J. Hazenbos, CM 21, p. 142-143; M. Popko, Or 61 (1992), p. 470; Th. van den Hout, Eothen 11, p. 874 Anm. 63; 3-4 H.A. Hoffner, IM 43 (1993), p. 43

Vs.

1 ⸢*UM*⸣-*MA* ^{m}Tar-ḫi-ni-⸢i⸣ [LÚ] ⸢^{URU}⸣Ta-ma$^{!}$[-ar-ma-ra]

2 ^{DINGIR}Šu-ú-li-kat-ti[-i]š ku-iš ⸢DINGIR⸣[^{LUM} *ŠA* ^{URU}Ta-ma-ar-ma-ar-ra e-eš-zi]

3 nu-uš-ši ALAM-⸢*ŠU*⸣ *ŠA* KÙ.BABBAR i-i̯[a-an-za-ma-aš LÚ-aš]

4 i-u̯a-ar na-aš-kán *A-NA* UR.M[AḪ GIŠ ar-ta-ri]

5(!) {Rasur} [ ]

---

6 nu ZAG-ni-it ki-⸢iš⸣-ši-ri-it GÍR *Š*[*A* KÙ.BABBAR]

7 ḫar-zi GÙB-li-it-ma ki-iš[-ši-ri-it]

8 SAG.DU LÚ ḫar-zi nu a-pu[-u-uš-ša *ŠA* KÙ.BABBAR]

9 VIII ^{GIŠ}DÍLIM u̯a-ar-pa-ši-i-iš XX ^{U}[^{RUDU}u̯a-ar-ši-ni-iš]

---

10 nu-uš-ši II EZEN$_4$$^{HI.A}$ iš-š[a-an-zi]

11 I EZEN$_4$ *I-NA* gi[-e]-⸢mi⸣ I E[ZEN$_4$-ma-aš-ši ḫa-me-eš-ḫi]

12 iš-ša-an-zi nu-⸢uš⸣-[ši] m[a$^{?}$-a-an EZEN$_4$ gi-e-mi ku-u̯a-pí]

Nummer 10 (Bo 1106)

CTH: 670
Datierung: jh.
Anschlüsse: -
Duplikate: -
Bearbeitung: M. Popko, Or 61 (1992), p. 470

lk.Kol.

x+1 [-]i̯a x[
2’ [-]i̯a ⸢^{GIŠ}⸣[DAG]-⸢ti⸣
3’ [ ]-⸢i̯a⸣ *A*[-*NA*] $^{\text{ḪUR.SAG}}$Da-a-ḫa
4’ [ ] ⸢^{DINGIR}Ḫa⸣-ša-me-li
5’ [ ] x x x
6’ [ta-]pu-uš-za

r.Kol.

x+1 ša[-

2’ x[
3’ x[

Nummer 11 (Bo 1115)

CTH: 820 (bzw. 342)
Datierung: jh. (spät)
Anschlüsse: -
Duplikate: KUB 59.66 (par. KUB 59.65; KBo 53.4)
Bearbeitung: Th. van den Hout, BiOr 51 (1994), Sp. 121; Rs. 1-6 G. Torri, StudAs 2, p. 177; D. Groddek, DBH 14, p. 111.113; J.L. Miller, StBoT 46, p. 391 Anm. 622

Vs.

x+1 [ar-ra-an(?)-t]a-⌈ru⌉ [Ì-az iš-kán-du]
2' [NINDA-an e-ez-z]a-aš-⌈du⌉ [

3' [ ]x x-⌈aš⌉-ša MU[L-aš ú-iz-zi nu-za]
4' [ki]-⌈i⌉-da-an-⌈ta⌉ ú-⌈i-⌉t[e-ni-it]
5' [ar-r]a-an-⌈ta-ru⌉ Ì-⌈az⌉ i[š-kán-du]
6' [NINDA-an e-ez-z]a[-aš-d]u! ⌈GEŠTIN⌉ e-ku-ud-d[u

Rs.

1 [ḫu-u-m]a-an-da an-da l[a-g]a-⌈a!⌉-an [
2 [LU]GAL-i-ma ⌈MUNUS.LUGAL⌉-ri KUR.KUR^MEŠ-*TIM* [
3 [ḫ]u-u-ma-an-da an-da *QA-TAM*[*-MA*
4 [ ] ⌈la⌉-ga-a-an e-eš-du ^DINGIR^U[TU
5 [DU]MU.LÚ.U$_{19}$.LU GIM-an x x[
6 [LU]GAL-i-ma MUNUS.LUGAL-⌈ri⌉ [
7 [ ]x [

Nummer 12 (Bo 1124)

CTH: 832
Datierung: jh.
Anschlüsse: -
Duplikate: -
Bearbeitung: -

Vs.?

x+1 [ ]x-ra ⌈ma⌉-[

2' [ ]x-pa-mu nu gi-na-x[
3' [ ]x-um [

4’ [ ]x-i-ša-an ki-x[

5’ [ ]x x x x x[

Rs.?

x+1 [ ]x [

2’ x x[ ]x x ki[-

3’ ⌜ki⌝-i za-x [

4’ [ ]x[

Nummer 13 (Bo 1149)

CTH: 832
Datierung: jh. (?)
Anschlüsse: -
Duplikate: -
Bearbeitung: -

Vs.

1 [ ]x[ ]x x x[

---

2 [ ]x TAR-an-zi x[

---

3 [ ]x x ⌜KÙ⌝.BABBAR *ŠA* x[

4 [ ]x(-)na-an ALAM-za-x[

5 [ ]x-⌜mi⌝-i [

Nummer 14 (Bo 1152)

CTH: 341
Datierung: jh.
Anschlüsse: -

Duplikate: KBo 10.47g (+++) (?)[4]
Bearbeitung: G. Pettinato, Gilgamesh, p. 391

Vs.$^{?}$

x+1 [ ] x x x

2’ [ ]

3’ [ ]x ⸢*I*⸣-*NA* EGIR. ⸢UD^{KAM}⸣

4’ [ ]x-u-⸢e⸣-ni

5’ [ ] ⸢^{DINGIR}⸣GIŠ.⸢GIM⸣.MAŠ KARAŠ$^{\text{ḪI.A}}$

6’ [ta-r]u-up-ta-⸢at⸣

7’ [ ]x-zi nu-za ⸢EZEN$_4$⸣-an i-i̯a-⸢at⸣

8’ [ ]x-an-te-⸢eš⸣ ḫal-za-a-iš

9’ [ ]x x E[GI]R-⸢pa⸣ me-mi-iš-ki-u-u̯a-an

10’ [ ] x x x x ⸢ka-ru-ú⸣

Rs.$^{?}$

x+1 [ ]x

Nummer 15 (Bo 1154)

CTH: 523
Datierung: jh.
Anschlüsse: -
Duplikate: -
Bearbeitung: Th. van den Hout, BiOr 51 (1994), Sp. 121; M. Popko, Or 61 (1992), p. 470

x+1 [ ] x[

---

[4] Da eine Bearbeitung der hethitischen Fassung des Gilgamešepos durch G. Beckman angekündigt ist, vgl. G. Beckman, FS Hoffner, p. 37-57, wird hier auf weitere Angaben in Erwartung der Bearbeitung verzichtet.

2’ [-z]i LUGAL[-

3’ [^{NINDA}]ḫa-a-li-iš XXX-iš ša[-

4’ [ ] ^{NINDA}u̯a-ge-eš-šar XX-iš [

5’ [DU]G mar-nu-u̯a-an *ŠA* É.GAL $^{⸢URU⸣}$[

6’ [D]UG GEŠTIN $^{LÚ.MEŠ}$ZABAR.DAB x[

7’ [^{URU}Z]i-ip!-la -an [-da]

8’ [ma]-⸢a!⸣-an-kán MU$^{KAM.ḪI.A}$ ša-ku-u̯a-⸢an⸣-[ta-ri-

9’ [ ]-⸢kán⸣ NINDA.ÉRIN^{MEŠ} ^{NINDA}u̯a-ge-eš-šar x[

10’ [DU]G mar-nu-u̯a-an-ma-kán I DUG GEŠTIN [

11’ [*Ú-U*]*L* ḫa-pu -ša-an -zi [ ]

12’ [^{N}]^{INDA}ḫa-li-⸢in⸣ XXX-⸢iš⸣ x$^{ḪI.A}$ [

13’ [ ] x x x I DUG GEŠTIN -i̯a [

14’ [ ] pé-ra-an ti-i̯a-a[n-zi

Nummer 16 (Bo 1166)

CTH: 523

Datierung: jh.

Anschlüsse: -

Duplikate: -

Bearbeitung: Th. van den Hout, BiOr 51 (1994), Sp. 121; M. Popko, Or 61 (1992), p. 470

Vs.

1 [*ME-E*]*L-QÉ-ET* LÚ x[

2 ⸢*I*⸣-*NA* ^{GIŠ}TIR x[

3 III ^{NINDA}ša-⌈ra-a⌉-m[a-
4 ^{NINDA}u̯a-g[e-eš-šar
5 u-⌈li⌉-[[5]
6 I BÁN [
7 XVIII x[
8 ½ [
9 I x[
10 II x[
11 VI [
12 x[

Nummer 17 (Bo 1187)

CTH: 470
Datierung: jh.
Anschlüsse: -
Duplikate: KUB 7.1 + KBo 3.8
Bearbeitung: M. Popko, Or 61 (1992), p. 470; S. Košak, ZA 84 (1994), p. 288-289; Vs. 2.6 P. Dardano, StBoT 47, p. 114

Vs.

1 [ ]x x x x [
2 [-]na-an-zi nu ^{MUNUS}⌈ŠU⌉.[GI

---

3 [ ] ku-in a-ku-u̯a-an-na [
4 [ ]x-ni ar-ha x[

---

5 [ ]x-iz-zi-ma-⌈at⌉ [

---

6 [*A-U̯A-A*]*T* ⌈f⌉U̯a-⌈at⌉-ti-it-ti [MUNUS ^{URU}Ku-na-aš-šar-u̯a

[5] Oder X ⌈li⌉-[.

ma-a-an-kán UN-ši]
7 [na-aš-ma DUM]U-li ka-⌈ra⌉-a-⌈du⌉-[uš ku-iš-ki ar-ḫa ka-re-e-ra-a-mi]
8 [ ] x x x [

Rs.

x+1 [ ] x [ ]x-⌈an⌉-x[
2’ [ ]x ḫu-⌈uš⌉-x[

3’ [ ] x x x-u-li [
4’ [ ] x x x ⌈kar⌉-pí[-
5’ [ ]x-an x x x [

6’ [ ]x [ ] x x [

Nummer 18 (Bo 1190)

CTH: 215
Datierung: jh.
Anschlüsse: -
Duplikate: -
Bearbeitung: F. Pecchioli Daddi, OAM 1 (1994), p. 86

x+1 [ ]x-na-aš ki-ša-ru x x x x [
2’ [da-an]-⌈du-ki⌉-iš-ša le-e ki-š[a-ri
3’ [ ]-⌈ša⌉ LUGAL-ṷa-an te-pu ḫar-x[
4’ [ ] ki-ša-ru ták-na-aš iš-x[
5’ [k]a-ru-ú-i-li [

6’ [ ] *A-BI* LUGAL ⸢na-a⸣-x[
7’ [$^{\mathrm{DINGI]R}}$U ḫu-iš-u̯a[-
8’ [ ]x x[

Nummer 19 (Bo 1209)

CTH: 790
Datierung: jh.
Anschlüsse: -
Duplikate: -
Bearbeitung: V. Haas/I. Wegner, OLZ 86 (1991), Sp. 171

x+1 [ ] x x [
2’ [ ]x šu-r[i-
3’ [ ]x x-zi [

4’ [ ]x I UDU *A-NA* ⸢^{DINGIR}⸣ [

5’ [ ]x-ti-ši-ḫi-ma GEŠTIN [

6’ [ ] tap-pí-ḫi-i̯a x[
7’ [U]DU *A-NA* ^{DINGIR}U ta-x[
8’ [-]ša-ḫi [
9’ [aš-ma]-⸢ri⸣ pa-ak-ma-ri [
10’ [p]ár -ni [ ]

Nummer 20 (Bo 1212)

CTH: 733.II
Datierung: jh.
Anschlüsse: -
Duplikate: KUB 31.143a + VBoT 124
Bearbeitung: M. Popko, Or 61 (1992), p. 470; Th. van den Hout, BiOr 51 (1994), Sp. 121; J. Klinger, StBoT 37, p. 79; Rs. 5’ D.

Yoshida, THeth 22, p. 292; Rs. 5' M. Popko, CTH 447, p. 73; Rs. 7(= 6') N. Oettinger, Stammbildung, p. 295; Rs. 9'(= 8') E. Neu, StBoT 25, p. 184 Anm. 613.185.188-189; Rs. 9(= 8') St. de Martino, AoF 13 (1986), p. 212 Anm. 3

Vs.?

x+1 [ ]x

2' [Ṵaₐ-še-ez-zi-li ḫu-ek-zi ᴸᵁN]AR-ša me-ma-i

3' [ta-an-du-ki-iš-ni Ṵaₐ-še-ez-zi-li-iš z]i-⌜ik⌝ DINGIR^MEŠ-na-na iš-tar-na

4' [LUGAL-uš zi-ik ne-pí-iš] ⌜te⌝-e-kán-na ḫar-ši

5' [^DINGIR IM-aš ma-al-t]e-eš-na-aš ḫa-an-da-a-an

6' [te-ez-z]i

7' [ša-ša-an-di-i]š-⌜ši⌝ ḫu-ek-zi ᴸᵁNAR-⌜ša⌝ me-ma-i

8' [-t]i-iš zi-ik DINGIR^MEŠ-na-na iš-tar-na

9' [ ]x-ta *A-NA A-ṲA-AT* ^DINGIR I-na-ar

Rs.?

x+1 [ ]x-⌜ṵa⌝-az [

2' [...-at ḫu-ek-z]i ᴸᵁNAR-š[a me-ma-i]

3’ [...-uš zi-ik DINGIR^{MEŠ}]-⸢na⸣-na iš-tar-na [ ]
4’ [MUNUS.LUGAL-aš] ^{URU}Ḫa-aš-ka-ḫa-aš-ki-u̯a-x[
5’ [an-]da le-e šu-u̯a-i-e-ši ták-na-aš-ta ^{DINGIR}UTU-uš a-uš-zi

---

6’ [šu-up-pa-]le-⸢e⸣-[eš-n]i le-e šu-u̯a-i-e-ši
7’ [^{UR}]^{U}Ta-ḫa-a-pí-ni pé-e-da-an-te-et
8’ [...-aš-ša e-e]š-⸢ši⸣-na-an an-da-an mi-iš-ri-u̯a-an-da-aš
9’ [nu-uš-ša-an VIII-in-z]u ne-pí-ši e-eš-ši
10’ [-pát ma-al-te-e]š-na-aš ḫa-an-da-an pa-a-i-u-e-ni-u̯a-ma

---

11’ [ ]-⸢zi⸣ x[

Nummer 21 (Bo 1238)

CTH: 670
Datierung: jh.
Anschlüsse: -
Duplikate: - (par. KUB 57.65)
Bearbeitung: Th. van den Hout, BiOr 51 (1994), Sp. 122; (Rs.) 2’-12’ D. Yoshida, THeth 22, p. 116/117; (Rs.) 11’-13’ G. McMahon, AS 25, p. 249[6]

Vs.

---

[6] KUB 60.21 Rs. 16f. bei V. Haas, Gesch.Relig., p. 644 Anm. 33, ist Fehlzitat.

x+1 [-z]i

...

2'' [-]ni da-a-i

3'' [ ]x

...

4''' [-i̯]a-an-zi

Rs.

x+1 x[

2' *A-NA* DUMU^{MEŠ} LUGAL [

3' ^{LÚ}u-ra-i̯a-an-ni ⸢*Ù A*⸣-[*NA*]

4' [^{L}]^{Ú}DUB.SAR ^{LÚ}DUB.SAR.GIŠ-i̯a [ ]

5' [a-k]u-u̯a-an-na pí-an-zi

6' [^{L}]^{Ú}MUḪALDIM-kán[7] *A-NA* UGULA $^{\text{LÚ.MEŠ}}$ALAM.ZU$_9$

7' [pa(?)-a]ḫ-ḫur SAG.DU-i še-⸢er⸣ iš-ḫu-u-u̯a-⸢a⸣-[i]

8' [pár-aš-n]a[-u]-u̯a-aš-kán ú-iz-zi

9' [DUMU^{MEŠ} É.GAL-ká]n *A-NA* LUGAL MUNUS.LUGAL

10' [ge-nu-u̯a-aš GADA$^{\text{ḪI.A}}$] da-an-zi

11' [LUGAL MUNUS.LUGAL ^{DINGIR}Ki-pí-i]k-ki-iš-du

12' [^{DINGIR}UTU ^{DINGIR}Me-e]z-⸢zu-ul⸣-[l]a

13' [ ]x

---

[7] Bei D. Yoshida, THeth 22, p. 116, ist -kán versehentlich ausgefallen.

Nummer 22 (Bo 1213)

CTH: 651
Datierung: jh. (früh)
Anschlüsse: -
Duplikate: KUB 60.122
Bearbeitung: Th. van den Hout, BiOr 51 (1994), Sp. 122; M. Popko, Or 61 (1992), p. 470

x+1 [ ] x-⸢ḫa⸣ [

2’ [EGIR$^{?}$-an-da-ma ^{LÚ}]*ḪA-TÁ-NU* i-i̯[a-at-ta-ri
^{LÚ}*ḪA-TÁ-NI*-ma pé-ra-an $^{\text{MUNUS.MEŠ}}$ḫa-az-ga-ra-
3’ [-ú-l]i-uš-ša m[a-a-an II-*ŠU* IX ma-a-an
... Ì.NUN ^{GIŠ}GEŠTIN ḪÁD.DU.A-i̯a ...
4’ [$^{\text{MUNUS.MEŠ}}$ḫa-a]z-ga-ra-aš-ma p[é-ra-an e-
ma-a-an XXX MÁŠ.GAL ma-a-an L MÁŠ.GAL ḫu-...
5’ [ ] ⸢*IŠ*⸣-*TU* KÙ.BABBAR ⸢a⸣-[ra-na-an-te-
... ḫu-i̯a-
6’ [ ]x-an-na [
7’ [ ]x[

Nummer 23 (Bo 1234)

CTH: 704
Datierung: jh.
Anschlüsse: -
Duplikate: -
Bearbeitung: I. Wegner, ChS I/3.2, Nr. 68; Vs. 2(’)-4(’) A. Archi, AOAT 318, p. 22

Vs.

x+1 [SÌR^{R}]^{U}

2’ [ ]x ^{DINGIR}U

3’ [e-ku-z]i I NINDA.GUR$_4$.⌜RA⌝ pár-ši-i̯a

4’ [^{LÚ}NAR] ⌜^{URU}⌝Ka-ni-iš SÌR⌜^{RU}⌝

5’ [-]*NA* x[^{GI}]^{Š}BANŠUR an-za-⌜a⌝-aš

6’ [ ] ⌜^{DINGIR}⌝Ḫé-pát ⌜e-ku-zi⌝

7’ [ ]x GAL$^{ḪI.A}$ aš-ša-nu-u̯a-an-zi

8’ [ ]x ⌜TUŠ⌝-aš ^{DINGIR}U̯a-al-li-bi I-*ŠÚ* ⌜e⌝-ku-zi

9’ [p]ár-ši-i̯a {Rasur}

10’ [^{LÚ}NAR ^{URU}Ḫu]r-⌜ri⌝ SÌR^{RU}

11’ [^{DINGIR}Ḫé-pá]t mu-uš-ni

12’ [ ]x I x x-aš-ši

13’ [ ]x

Rs.

x+1 [BA.B]A.Z[A

2’ [ ]x ^{URU}Ka-ta-⌜pa⌝

3’ [ ]

4’ [ ]x

5’ [ ] I ^{GIŠ}BANŠUR

6’ [-]zi

7’ [BA].⌜BA⌝.ZA I NINDA. KU$_7$ *UP-NI* BA.BA.ZA

8’ [-n]i[8]

---

[8] Das Zeichen ist bei I. Wegner, ChS I/3.2, p. 158, übersehen.

9’ [ ] ⌜É⌝[9] GIŠBANŠUR an-za-a-aš e-ša
10’ [ ]x *ŠA* II *SA*ₓ-*A*-*TI*
11’ [ḫal(?)-]zi-i̯a-ri
12’ [ ]x-zi

13’ [ ]x TUŠ-aš
14’ [ ] ⌜e-ku⌝-uz-zi
15’ [ ]x

16’ [ ]x
17’ [ ]x

Nummer 24 (Bo 1236)

CTH: 832
Datierung: jh.
Anschlüsse: -
Duplikate: -
Bearbeitung: A. Taggar-Cohen, JANES 29 (2004), p. 100; S. Košak, ZA 84 (1994), p. 289; Th. van den Hout, BiOr 51 (1994), Sp. 122; M. Popko, Or 61 (1992), p. 470; (Vs. r.Kol.) 3’-9’ E. Rieken, StBoT 44, p. 78-79; Vs. r.Kol. 4(’)-11(’) CHD *P* 375b; Vs. r.Kol. 4’-9’ HEG II 644; Vs. r.Kol. 4’-8’ V. Haas, OLZ 94 (1999), Sp. 57

Vs.? lk.Kol.

x+1 [ ]x

Vs.? r.Kol.

---

[9] I. Wegner, ChS I/3.2, p. 159, liest fragend LÚSA]NGA.

x+1 [k]u-it [
2’ [ ]x-ti-iš [
3’ pu-nu-uš-ša-an-du na-a[n
4’ nu *IQ-BI* pu-ul-le-⸢e-u̯a⸣ pé-eš-š[i-i̯a-an-du]
5’ nu-kán *ŠA* ^NA4^NUNUZ DUG-i pa-⸢ra-a⸣ [
6’ pu-ul-le-e-kán ku-u̯a-pí an-da [ki-it-ta-at]
7’ na-at-kán pa-ra-a ú-⸢te⸣-er [ ]
8’ na-at I-aš u̯a-aḫ-nu-uš-ki-it [nu-kán pu-ul-le-e(?)]
9’ ⸢u̯a⸣-at-ku-ut nu me-mi-ir ⸢ku⸣-u̯[a-pí
10’ [ ]x-i ma-a-an u̯a-a[t-ku-zi
11’ [ ]x an-⸢da⸣ x-za [

12’ [ ]x[

Rs.?

x+1 [ ] nu [
2’ [ ]x-⸢an?⸣ [

3’ [ ]x-an [
4’ [ ]-⸢kán pí-an⸣-[
5’ [a]r-ḫa pa-i[z-zi
6’ [ ]x-an-kán pí[-
7’ [a]r-ḫa pa[-iz-zi
8’ [ ]x-⸢du?⸣ [

Nummer 25 (Bo 1245)

CTH: 389
Datierung: jh.
Anschlüsse: -
Duplikate: - (zu Rs. 3’-9’ vgl. KUB 60.156 Rs. 10’-14’)

Bearbeitung: S. Košak, ZA 84 (1994), p. 289; Rs. 4'-9' G. Torri, Or 72 (2003), p. 219f.

Vs.$^{?}$

x+1 [ ] ⌈I⌉ *UP-N*[*I*
2' [-]aš-ta-aš ma-a-⌈an⌉ [
3' [-a]m-ma-aš NÍ.TE-mi-it [
4' [š]a-ra-a-az-zi e-eš-t[a
5' [ ]x-at LUGAL-uš x[
6' [-i]t ZI-ni[-it
7' [ ]-⌈ma⌉ EGIR-x[
8' [ ]x nu [

Rs.$^{?}$

x+1 [ ]x [

2' [ ]x x[
3' [ ]-⌈da⌉-i x[
4' [ ]x ⌈MUŠ⌉-aš [ma-aḫ-ḫa-an
5' [ ]x-zi a-pé-e-el-la [
6' [-]ta-nu-uz-zi [ ]

7' [IGI-zi-in ḫur-k]i-in EGIR-iz-zi-iš ḫ[ur-ki-iš
8' [$^{ḪUR.SAG}$] ⌈A⌉-am-ma-an-na {Rasur} LUGAL-un [
9' [le-e ú-e-]mi-i̯a-az-zi nu [
10' [ ]x x[

Nummer 26 (Bo 1240)

CTH: 582
Datierung: jh.
Anschlüsse: -

Duplikate: -
Bearbeitung: V. Haas/I. Wegner, OLZ 86 (1991), Sp. 171; H. Klengel, AoF 16 (1989), p. 185ff.; Th. van den Hout, DMOA 25, p. 13.14 Anm. 40

Vs.

1 ⸢*A*⸣-*NA* ^{m}Ne-ri-ik-ka$_4$-i-li [
2 ⸢^{DINGIR}*IŠTAR*⸣ ^{URU}Ša-mu-ḫa na-ak-⸢ke⸣-[eš-ta
3 nu ki-nu-un *A-NA* DINGIR$^{\textit{LIM}}$ ⸢INIM⸣ [
4 a-pa-a-aš-ma *I-NA* ^{URU}Tu-u-⸢ma⸣-[an-na
5 GIM-an-ma-aš ⸢EGIR⸣-pa ú-iz$^{!}$-z[i
6 na-aš *I-NA* ⸢^{URU}Ša⸣-mu$^{!}$-ḫa a-a[š-zi(?)
7 EGIR-pa pa-iz-zi nu *A-N*[*A*
8 ma-a-an-ma-aš-ši *IŠ-TU* I[NIM$^{?}$
9 *Ú-UL* ku-it-ki ⸢ar⸣ x[
10 pa-iz-zi-aš nu$^{?!}$ ⸢SIG$_5$⸣ [
11 ú-iz-zi *IŠ-T*[*U*
12 *IŠ-TU* ^{LÚ}ḪAL ^{MUNUS}ŠU[.GI

---

13 [n]u ^{m}⸢Ne⸣-ri-ik-ka$_4$-⸢i⸣-[li
14 [pa-r]a-a pa-a-i x[
15 [ ]x[

Nummer 27 (Bo 1246)

CTH: 530
Datierung: jh.
Anschlüsse: -
Duplikate: -
Bearbeitung: Th. van den Hout, BiOr 51 (1994), Sp. 122

Vs.

x+1 [ ]x x[

2’ [*I*]*Š-TU* ⌈GA.KIN.AG⌉ [
3’ ḫu-ul-ḫu-li-i̯a [ ] x x x [
4’ DINGIR^{LUM} [^{MUNU}]$^{S!.}$[^{M}]^{EŠ}[ḫa-zi-]ka$_4$-ra-i̯a [
5’ pé-e-da-an-zi [ ]x-⌈na⌉ [ ] LÚ[
6’ ti-it-ta-nu-⌈an⌉-zi [ ] DINGIR^{LUM} [
7’ ^{GIŠ}ZAG.GAR.RA-ni ⌈ta⌉-ni-nu-u̯a-⌈an⌉-[zi
8’ x x [ ]x ^{GIŠ}ZAG.GAR.RA-ni [
9’ [ ]x NINDA[.GUR$_4$.R]A $^{⌈MEŠ⌉}$ [p]ár-ši-i̯a ⌈ša⌉-x[

10’ [lu-kat-ti-ma] ⌈šu⌉-up-pa-i̯a-⌈aš⌉ p[é-ra-an
11’ [šu-up-pa UG]U ME-an-zi ^{T}[^{U_7}ši-i̯a-mi
12’ [^{TU_7}ši-i̯a-mi t]i-i̯a-an [-zi III ^{NINDA}dan-na-aš
13’ [^{DUG}da-la-i-mi-u]š-⌈kán⌉ [šu-un-na-an-zi
14’ [ ]x x[

Rs.

x+1 [-]an-⌈zi⌉ [
2’ [^{NINDA}] ⌈ka⌉-ḫa-ri-eš x[
3’ [ ] ⌈I⌉ *PA* ZÌ.DA II DUG x[
4’ [p]ár-ši-i̯a-an-zi *BI-IB-R*[*I*
5’ [*B*]*I*!-⌈*IB*⌉-*RI* GAL$^{ḪI.A}$-kán aš-ša-⌈nu⌉-
[an-zi]
6’ [DINGIR^{LI}]^{M}-ma-aš-kán du-uš[-k]i[š]-kán-zi x[
7’ ša-ša-nu-uš ti-i̯a-an-zi [ ]

8’ lu-kat-ti-ma šu-up-pa-i̯a-aš pé-ra-an x[
9’ [š]u-up-pa UGU ME-an-zi $^{⌈TU_7⌉}$ši-i̯a-mi x[
10’ [^{TU_7}š]i-i̯a-mi ti-i̯a<-an>-zi III ^{NINDA}dan[-na-aš
11’ [^{DUG}d]a-la-i-mi-uš-kán šu-un-na[-an-zi

12’ [ma-a-a]n-⸢ma⸣ ḫa-mi-eš-ḫa-an-za ki-ša[-ri

13’ [ ]x al$^{??}$-da-an-ni [

14’ [ ]x[

Nummer 28 (Bo 1243)

CTH: 670
Datierung: jh.
Anschlüsse: -
Duplikate: -
Bearbeitung: Th. van den Hout, BiOr 51 (1994), Sp. 122; M. Popko, Or 61 (1992), p. 470; 4-12 D. Yoshida, THeth 22, p. 188

Vs. I

1 [ ] x x x x [

2 [ ] DINGIR^{MEŠ} $^{\text{NA}_4}$pa-a[š-ši-

3 [-r]a-an-zi ⸢iš⸣-[

---

4 [ ] x-x-⸢zi⸣ ta-x[

5 [INI]M$^{\text{?MEŠ}}$ kiš-⸢an⸣ [

6 [ ] ⸢^{DINGIR}⸣UTU ^{URU}PÚ-na [

---

7 [^{DINGIR}Me-ez-z]u-ul-la-aš ^{DINGIR}Z[i-in-tu-ḫi-iš

8 [ ]x ta-ba-ar-na-a[š

9 [ ]-⸢ba⸣-ti-i̯a ka$_4$[-

10 [ ]x ar-nu-ut nu-u̯a ki[-

11 [ ]x ta<<-ar>>-ba-ar-na[-

12 [ ]x-ri-i̯a-at [

13 [ ]x[

Rs.

x+1 ⸢KASKAL ^{m}⸣ Pí-ḫa-U[R.MAḪ DUB.SAR.GIŠ]
2' ^{m}Pal-lu-u̯a-ra-⸢ZA⸣ [DUB.SAR]

Nummer 29 (Bo 1247)

CTH: 250
Datierung: jh.
Anschlüsse: -
Duplikate: -
Bearbeitung: S. Košak, ZA 84 (1994), p. 289; M. Popko, Or 61 (1992), p. 470

Vs.$^{?}$

x+1 [ ]x[
2' [ ]x II ⸢la$^{?}$⸣-x[

3' [ ]x-aš za-ak-ki-it-ra AN.BAR GAR[.RA(?)]
4' [ ] x x ŠÀ.BA an-dur-aš[10] DUḪ.ŠÚ.A
5' [ ]x II GÍN IV$^{!}$ GÍN[11] ŠÀ.BA I *MAŠ-LU* I ^{GIŠ}DU$_{8}$.A
6' [ ] x x kar-ki-ši-li-iš *MAŠ-LU* I *KU-BAR-TÙ*
7' [ ]x-zi ŠÀ.BA I *TA-ḪAP-ŠI* II KUŠ *ŠA* x [
8' [ ]I KUŠ I$^{NU\text{-}TUM}$ aš-ku-uš AN.BAR GAR.RA [
9' [ ] I *SÚ-ḪA-TI*[12] ŠÀ.BA I *TA-ḪAP-ŠI* I KU[Š
10' [ ]x I *TA-ḪAP-ŠI* I KUŠ II *TA-PAL* KUŠ x x [
11' [ ]x I KUŠ :pa-ri-i̯a-aš-ši-iš x [
12' [ ]x$^{ḪI.A}$ ZABAR *MAŠ-LU* ⸢I⸣ [
13' [ ] x x x [

---

[10] Siehe S. Košak, ZA 84 (1994), p. 289 mit Photokollation.
[11] Vgl. S. Košak, ZA 84 (1994), p. 289.
[12] Siehe S. Košak, ZA 84 (1994), p. 289 mit Photokollation.

Rs.?

x+1 [ ]x x[
2’ [ ] x x x x [
3’ [ ]x te??-tar-man-ni
4’ [ ] a-x-x x[

Nummer 30 (Bo 1250)

CTH: 670
Datierung: jh.
Anschlüsse: -
Duplikate: - (par. KBo 4.11)
Bearbeitung: S. Košak, ZA 84 (1994), p. 289; M. Popko, Or 61 (1992), p. 470; I(=IV) 11(’) H. Otten, RlA V 268 s.v. *Jašalla*(*šši*); Rs. IV? D. Yoshida, THeth 22, p. 252; Rs. IV? 9’-11’ R. Lebrun, StMed 9, p. 254 Anm. 24

Vs. I?

x+1 [ ]x x[
2’ [ ]x-an-kán [
3’ [ ]x-an-zi nu LÚ [
4’ [I]NIM$^{ḪI.A}$ [

5’ [ ]x-un ku-u̯a-pí [
6’ [-]ri-ul-li x[
7’ [-š]ar I$^{\textit{NU-TUM}}$ x[
8’ [ ]x IV-TA.ÀM [
9’ [-]te-eš$_{17}$[13] ḫu-u[-

10’ [ ]x ḫa-zi-la-a[š

[13] Y. Sakuma (brieflich) schlägt *Ú-NU-*] *TE*^{MEŠ} vor.

11’ [NINDA.GUR$_4$.R]A BA.BA.ZA ½ *U*[*P-NI*

12’ [ ]x ta-u̯a-al x[

13’ [ ] x x I DUG.KA.GA[G

14’ [ ]x ½ *SA*$_x$*-A-TI* x [

15’ [n ḫu-]u-up-pár [

Rs. IV$^?$

x+1 [ ]x x[

2’ [-]u̯a-⸢al⸣-[

3’ [$^{\mathrm{HUR.SA}}$]^{G}⸢Pùš⸣-ku-ru[-nu-u̯a[14]

4’ [^{URU}Ḫ]a-at-tu-ša-x[

5’ [EGI]R-*ŠÚ*-ma ^{DINGIR}UTU [ ]x x[

6’ [NIND]A.GUR$_4$.RA [

7’ [EGI]R$^!$-*ŠÚ* É.ŠÀ [KÙ.GA

8’ [EGI]R$^!$-*ŠÚ* ^{DINGIR}Šu-u̯a-⸢aš-šu⸣-u[n-na-an

9’ [EGI]R-*ŠÚ* ^{DINGIR}U̯a-an-du-u[n

10’ [EGIR-]*ŠÚ* ^{DINGIR}Ši-i-u-ri-⸢in⸣ [

11’ [EGIR-]*ŠÚ* ^{DINGIR}I-i̯a-šal-l[a-aš-ši-in

12’ [EGIR-]*ŠÚ* ^{DINGIR}LAMMA GAL a-x[

---

[14] So entgegen S. Košak, ZA 84 (1994), mit E. Neu, dem zufolge nach erneuter Photokollation doch ⸢Pùš⸣- dasteht (seinerzeitige private Mitteilung).

13’ [ku-i]t-ma-an-ma GAL$^{⸢Ḫ̮I⸣.[A}$

14’ [ḫ]u-u-ḫu-pa-al[-

15’ [ ]x[

Nummer 31 (Bo 1256)

CTH: 652

Datierung: jh.

Anschlüsse: (+)$^{?}$ KUB 54.40 + Bo 68/219

Duplikate: KBo 21.47 + KBo 38.45 (+) KBo 23.49 + KBo 24.110; KBo 25.109; KBo 13.223 (+) KBo 45.82a (+) KBo 45.82b

Bearbeitung: Th. van den Hout, BiOr 51 (1994), Sp. 122; M. Popko, Or 61 (1992), p. 470; D. Bawanypeck/S. Görke, FS Haas, p. 29ff.; Vs. 8’-10’ P. Dardano, StBoT 47, p. 263

Vs. I

---

x+1 ma-a-an [

2’ *A-NA* II ^{DU}[^{G}

3’ a-aš-zi-ma-k[án ku-it[15]

4’ III NINDA *LA-AB-K*[*U*

5’ ḫa-aš-du-er-⸢ma⸣ [

6’ še-er ar-ḫa [

7’ UD.II^{KAM} túḫ-⸢ḫu⸣-[uš-ta]

8’ ma-a-an *I-NA* [UD.III^{KAM} lu-uk-kat-ta

9’ [a]n-da É-r[i

---

[15] Bei D. Bawanypeck/S. Görke, FS Haas, p. 35, ist ku-it fälschlicherweise an das Ende der vorangehenden Zeile gestellt, was wegen des Antritts der Ortspartikel -kan an ašzi=ma=, wodurch dieses als erstes Wort des Satzes markiert ist, nicht angängig ist.

10’ ⸢nu⸣-uš-kán x[
11’ ^{DINGIR}⸢Ḫal⸣-k[i-
12’ ḫu[-

13’ x[

Rs. IV

x+1 *IT*-⸢*TI* ^{GIŠ}BANŠUR⸣-[*ŠU* da-a-i nu ^{GIŠ}BANŠUR-*ŠU-NU*-pát ti-an-zi DUMU É.GAL a-da-an-na ú-e-ek-zi]
2’ ú-el-lu-u̯a-aš-pát ⸢^{DINGIR}⸣[IM DINGIR.LÚ^{MEŠ} ^{DINGIR}Ma-li-i̯a-an-na ak-ku-uš-kán-zi LÚ ^{DINGIR}IM-aš ^{GIŠ}GIDRU$^{\mathrm{ḪI.A}}$]
3’ pé-e-di-iš-ši ⸢da⸣-[a-i na-aš pár-na-aš-sa pa-iz-zi]

4’ ma-a-an DUMU É.GAL ⸢a!⸣-[ap-pa-i DUMU^{MEŠ} SANGA *A-ŠAR- ŠU-NU*-pát ḫar-kán-zi UD.VI^{KAM} túḫ-ḫu-uš-ta]

5’ *I-NA* UD.VII^{KAM}-ma a-r[a-aḫ-za ú-e-el-lu-i a-še-eš-šar nam-ma-pát ...-ma]

6’ ma-a-an *I-NA* UD.VIII[^{KAM} lu-uk-kat-ta a-ra-aḫ-za ú-e-el-lu-i a-še-eš-šar]
7’ ma-a-an a-da-an[-na ...-ša nu I ^{UZU}mu-uḫ-ra-in
8’ nu-uš-kán NINDA {Ras.} [...

9’ nu *A+NA* LÚ ^{DINGIR}I[M

10’ $^{\mathrm{LÚ.MEŠ}}$SAG[I
11’ ú-el-lu[-u̯a-aš ^{DINGIR}IM

12’ *ŠA* DINGIR^{LI}[^{M}
13’ *I-NA* ^{GIŠ}[BANŠUR

14’ ma-a-a[n
15’ na-at [
16’ ⸢ke⸣-e-x[
17’ x[

Nummer 32 (Bo 1258)

CTH: 327
Datierung: jh.[16]
Anschlüsse: -
Duplikate: KBo 8.69
Bearbeitung: Th. van den Hout, BiOr 51 (1994), Sp. 122; Rs. 8 P. Dardano, StBoT 47, p. 170

Vs.

x+1 [ ]x
2’ [ ]x-aš-pát
3’ [ ]x da-a-aš
4’ [t]a$^{?}$-u̯a-li-it
5’ [ ]x-na-aš-ša-⸢a$^{?}$⸣
6’ [ ]x-⸢u̯a⸣-ru
7’ [ ]x
8’ [ ]x-⸢li⸣-i̯a

Rs.

1 [ ]x-te-ta
2 [n]u-za-kán
3 [A]N.BAR-aš

---

[16] S. Košak, Konkordanz (1.0), sub Bo 1258, gibt „mh. ?“, doch begegnet in Vs. 4’ junges LI (durch Photokollation bestätigt).

4 [-]ša

---

5 [GÉM]E-KA a-aš-ša-⸢ú⸣-it
6 [IGI$^{\text{HI.A}}$-it uš-ki (?) hu]-⸢u-ma⸣-an-te-et [ka]r-ti<-it$^{?}$>
7 [DUMU^{MEŠ} DUMU.MUNUS^{MEŠ} nu]-⸢ú⸣-ti tu-u-ma-a[n$^{!}$-t]i$^{!}$
8 [ ]x-x-it ^{DINGIR}U ^{f}Ha-r[a-a]p$^{!}$-ši-DINGIR^{LIM}
9 [na-aš-za ^{GIŠ}šar]-⸢pa⸣-na-aš e-ša-a[t]
10 [ne-ia-at ^{GIŠ}A]B$^{\text{HI.A}}$-uš
11 [ ]x iš-tar-n[a]
12 [ ]x[

Nummer 33 (Bo 1264)

CTH: 335
Datierung: jh.
Anschlüsse: -
Duplikate: - (par. KBo 31.131 + KUB 33.45 + KUB 33.53 + FHG 2; KUB 33.11 II 6ff.)
Bearbeitung: Th. van den Hout, BiOr 51 (1994), Sp. 122f.

Vs.

x+1 [ ] x x x x
2’ [ ]x-aš
3’ [ ]x ar-ha ⸢ku⸣-ua-at-tar-na-⸢tén⸣

4’ [ ].⸢RA⸣^{MEŠ}-uš ^{DINGIR}⸢Da-ra⸣-u-e-eš
5’ [ ]x-kán-zi šu-me-eš-⸢ua⸣-an-na-aš
6’ [ ]x-te-ni x x [ ]x-uš-ma-ua-an-na-aš
7’ [ ]x-a-aš-u[a(-)]x SÍSKUR
8’ [ ] x x x [-z]i-an-⸢du⸣

9’ [ ]x x[-]du
10’ [ ]x[ ]x ḫar-du
11’ [ ]x-i̯a-aš
12’ [ ]x[

Rs.

x+1 [-]zi-iš
2’ [aš-š]u-li na-eš-ḫu-ut

3’ [-ḫ]u-ut
4’ [*I*]*Š-TU* Ì.DÙG.GA
5’ [-a]n i-i̯a-aḫ-ḫu-ut

6’ [ ]x te-eḫ-ḫu-un
7’ [ ]x ú-nu-u̯a-an-du-uš
8’ [ ] ⸢e⸣-et-ri
9’ [a-da-an-na] gul-ša-an-da-an te-eḫ-ḫi
10’ [tar-na-aḫ-ḫi n]a-an-ša-an ta-u̯a-li-⸢it⸣
11’ [u̯a-al-ḫi-it ši-eš-ni-it GEŠTIN-it la-a-ḫu-un nu-za e]-⸢et⸣ ša-ni-iz-zi
12’ [e-ku-ma ša-ni-iz-zi nu-za ni-in-g]a x

Nummer 34 (Bo 1265)

CTH: 706
Datierung: jh. (spät)
Anschlüsse: -
Duplikate: - (par. KUB 54.68 Rs.)
Bearbeitung: 2’ff. P. Taracha, CHANE 5, p. 190; 2’ff. id., AOAT 318, p. 455-456; V. Haas, Gesch.Relig., p. 365 Anm. 371; 2’ff. P. Taracha, WO 28 (1997), p. 212; 2’ff. J.L. Miller, StBoT 46, p. 460 Anm. 767

---

x+1 [ ]x-ši IV? KASKAL^{NI} kiš-⸢an⸣ [
2' ⸢pa⸣-a-i I UD[U] ^{DINGIR}U AN^{E}
3' I UDU ^{DINGIR}U ⸢Zi⸣-pal-da I É.DINGIR^{LIM}-at

4' ⸢I⸣ UDU ^{DINGIR}*ZA-BA$_4$-BA$_4$* AN^{E} I É.DINGIR^{LIM}-at [ ]

5' ⸢I⸣ UDU ^{DINGIR}U ^{URU}Ma-nu-zi-i̯a I É.⸢DINGIR⸣ [^{LIM}-at]

6' [I] ⸢UDU⸣ ^{DINGIR}LAMMA II UDU ^{DINGIR}An-zi-l[i
7' [ ]x x *ER-ṢÉ-TUM* I É.DINGIR⸢^{LIM}⸣-a[t

Nummer 35 (Bo 1274)

CTH: 635
Datierung: jh. (spät)
Anschlüsse: -
Duplikate: - (vgl. z.B. IBoT 4.80; KUB 11.30 + KUB 44.14 + IBoT 4.197, V 7'ff.)
Bearbeitung: Th. van den Hout, BiOr 51 (1994), Sp. 123; M. Popko, Or 61 (1992), p. 470

x+1 [ ]x x[
2' [pé-]ra-an III-*ŠU* BA[L-an-ti]
3' [i]r-ḫa-a-iz-zi

4' [ ] nu-uš-ši UGULA LÚ^{MEŠ} ^{GIŠ}BANŠU[R]
5' [me-m]a-al-la

6’ [ ]x GEŠTIN LUGAL-i pa-ra-a
7’ [e-ep-zi LUG]AL-uš-kán *QA-TAM* da-a-i
8’ [BA.]BA.ZA I^{NU-TUM} ^{DUG}ḫal-⸢u̯a⸣-[ta-al-la
9’ [DU]G GÍD.DA ⸢GEŠTIN⸣
10’ [^{DINGIR}UTU] AN^{E} DINGIR^{MEŠ} LÚ^{MEŠ} da-a-i
11’ [*U*]*P-NI* BA.BA.ZA
12’ [^{DUG}]ḫal-u̯a-ta-al-la ⸢LÀL⸣
13’ [ ] ⸢I DUG GÍD⸣.DA GEŠTIN
14’ [ ]^{MEŠ} [ ]x^{MEŠ} ḪUR.SAG^{MEŠ} I_7[^{MEŠ}

15’ [ ]x ⸢I⸣ $^{NU-TUM}$ pí-x-x[

Nummer 36 (Bo 1266)

CTH: 760
Datierung: jh.
Anschlüsse: -
Duplikate: - (par. KUB 35.43 + KBo 29.55 III 28”ff.)
Bearbeitung: Th. van den Hout, BiOr 51 (1994), Sp. 123; M. Popko, Or 61 (1992), p. 470

---

x+1 [ ]x da-a-i [
2’ [e]-⸢ep⸣-zi [ ]
3’ [n]u$^{?}$ pé-ra-an ša-ra-a ḫar-zi [ ]
4’ [du-u]š-ga-ra-an-da x-šu-ú-i-li x[
5’ [-]an-na EGIR-pa pa-ra-a-i̯a [ ]
6’ [ ]x-zi ^{MUNUS}⸢ŠU.GI⸣-ma-kán [ ]
7’ [a]n-da ⸢kiš⸣-an me-mi-i[š-ki-iz-zi]

8’ [ ] ⸢ta⸣-ta-ar-ri-i̯a-m[a-an
9’ [ḫi-i-ru-u-un ir-ḫu]-⸢u$^{?}$-u̯a$^{?}$-li$^{?}$⸣-i̯a-an [pa-ri-it-tar-u̯a-al-li-i̯a-an]

10’ [...-li-i̯a-an ḫu-u-i-it-u̯a-li-i̯]a-an [pu-u-u̯a-ti-i-il]
11’ [pa-a-ri-i̯a-na-al-la ^{LÚ}lu-la-ḫi-i̯a-]an ḫa-a-pí-r[i-i̯a-an]
12’ [... tu-ú-li-i̯]a-aš-s[a ...
13’ [-]li[-

14’ [ ]x[

Nummer 37 (Bo 1278)

CTH: 819
Datierung: jh.
Anschlüsse: -
Duplikate: -
Bearbeitung: -

x+1 [ ] x x x [
2’ [ ] I_7-ú x[
3’ [ ]x-ru-ni pa-ri[-
4’ [ ]x ma-an-nu-mi-e x[
5’ [ ]x ⸢kar⸣-ra-an-ni [ ]

6’ [ ]x me-e-ḫi-ir ka-a-na-ma ú$^?$-x[
7’ [ ]x-ta-ta a-na$^?$ me-eḫ-ru-ti x[
8’ [ ] ^{m}Ḫa-ši-ip-ra-an-za-ḫa za-x[
9’ [-]i me-e-eḫ-ri x[

10’ [ ]x ka-tar-x[
11’ [ ]x-al [

Nummer 38 (Bo 1267)

CTH: 832
Datierung: jh.
Anschlüsse: -

Duplikate: -
Bearbeitung: -

lk.Kol.

x+1 [ ]x

r.Kol.

x+1 [ ]x MA[Ḫ
2’ [ ] *QA-TAM-MA* x[

3’ [ ]x^{MUŠEN} x x x EZEN$_4$ u̯u$_u$-r[u-
4’ [ ] da-li-mi SÈD x SIG$_5$$^?$-za [

5’ [ ] x x x x x DÙ-mi ka-⸢a⸣-[
6’ [ ] x x x-za-lu ⸢LUGAL$^?$⸣-x EN^{MEŠ} x[
7’ [ ] x x x x [

Nummer 39 (Bo 1283)

CTH: 832
Datierung: jh.
Anschlüsse: -
Duplikate: -
Bearbeitung: -

Vs.$^?$

x+1 [ ]x[
2’ [ ] x-x-⸢an⸣-[
...
5’’ [ ]x x[
6’’ [-]an-za [ ]
7’’ [ ]-⸢ga⸣-ta-a-x-x[

8'' [-]uš É-ir-⸢ša⸣-u̯a x[
9'' [ ] x x x-ga-a-an x-x-⸢ta⸣ [
10'' [ ]x-⸢te⸣-et-u̯a [ ]
11'' [ ] [ ]
12'' [ ]x ku-ut-ti [ ]
13'' [ ] x x [ ]

Nummer 40 (Bo 1303)

CTH: 616[17]
Datierung: jh. (spät)
Anschlüsse: (+) KUB 44.2[18]
Duplikate: KUB 58.43; KUB 51.79; KBo 13.128 + KBo 45.25; KBo 11.21; KUB 44.3; IBoT 2.19; Bo 6925; KUB 10.5
Bearbeitung: M. Popko/P. Taracha, AoF 15 (1988), p. 89 Anm. 16; 100ff.; HEG III 249; J.V. García Trabazo/D. Groddek, DBH 18, p. 113; 4' E. Rieken, DBH 10, p. 533

x+1 MUNUS^{MEŠ} [...$^{ḪI.A}$-*ŠU-NU*$^{?}$ ^{DINGIR}Ka-a-al-li]
2' mi-i-ú-⸢i⸣ [MUNUS-i šu-up-pí GUNNI]
3' ka-nu-uš-ša-ri-i̯[a-an-ti]
4' ^{DINGIR}U̯a-šu-ma-i kur-ša-al-l[i tar-u-i-al-li]
5' ⸢tar-u-i-al⸣-li ^{DINGIR}Ḫa-pu-ša-na-i [^{DINGIR}Ša-ni-
6' ⸢la⸣-ap-pa ^{NA_4}ŠU.U ^{NA_4}u̯a-al[-li-i̯a-ri
7' [ ]x-x ^{DINGIR}Ta-al-u̯i$_5$-i̯a [
8' [ ] ⸢kur⸣-ḫa-x-x-a-ba-ri x[
9' [ ]x x[

Nummer 41 (Bo 1291)

CTH: 647 (bzw. 648)
Datierung: ah.

[17] CTH 684 bei S. Košak, Konkordanz (1.0), sub Bo 539, ist nicht nachzuvollziehen.
[18] Vgl. V. Haas, Gesch.Relig., p. 580 Anm. 257.

Anschlüsse: (+) Bo 5478 + Bo 7937 (+) Bo 4958 (+) KUB 54.50
Duplikate: - (par. KUB 53.17 + KBo 54.134 + KUB 58.5; KBo 54.135)
Bearbeitung: E. Neu, StBoT 25, Nr. 47; Th. van den Hout, BiOr 51 (1994), Sp. 123; D. Groddek, IJDLS 1, p. 7 Anm. 5; V. Haas/I. Wegner, OLZ 86 (1991), Sp. 172; II 5' V. Haas/L. Jakob-Rost, AoF 11 (1984), p. 34; p. 36 Anm. 107; II 8' V. Haas/L. Jakob-Rost, AoF 11 (1984), p. 35; Vs. 12(') H. Ehelolf, ZA 43 (1936), p. 185; II 16' J. Klinger, StBoT 37, p. 538 Anm. 1; III M. Popko, Or 55 (1986), p. 476; M. Popko, Or 61 (1992), p. 470f.; III 8'(= 7') V. Haas/L. Jakob-Rost, AoF 11 (1984), p. 35 Anm. 102; III 8(= Rs. 7) J. Boley, IBS 60, p. 41; III 9'(= 8') N. Oettinger, Stammbildung, p. 284; III 13 A. Ünal, Ortaköy, p. 80 Anm. 72; Rs. 20(= 19') N. Oettinger, Stammbildung, p. 311; J.V. García Trabazo/D. Groddek, DBH 18, p. 14

Vs.

---

x+1 [-a]š ⌈e⌉-ku-zi x x x [
2' [-i̯]a ^{LÚ}GUDU$_{12}$ DUMU-li NINDA.GUR$_{4}$.R[A
3' [ ] iš-ta-na-na-aš da-a-i [ ]

4' [^{DINGIR}]Ḫal-ma-aš-⌈šu-it⌉-tu-un ^{DINGIR}Kap-p[a-ri-i̯a-mu-un]
5' [^{DINGIR}T]e-li-pí-nu-⌈un⌉ na$^{!}$-ša-pa a-ra-⌈a⌉-[i]
6' [ ]x pa-ra-a pa-iz-zi nu-uš-še $^{\text{LÚ.MEŠ}}$S[ANGA]
7' [ ]x-zi šu-⌈up-pí⌉-iš ^{LÚ}SANGA-iš[19] na-at-t[a$^{?}$

8' [ ]x$^{\text{ḪI.A}}$-uš an-da u̯a-al-ḫa-an-ni-an-⌈zi⌉
9' [pé-e-ra-a]n ḫu-i̯a-an-zi $^{\text{LÚ.MEŠ}}$ḫa-a-pí-e-eš

---

[19] E. Neu, StBoT 25, p. 109, liest ^{LÚ}SANGA^{MEŠ}, doch ist eindeutig ^{LÚ}SANGA-eš geschrieben (am Photo kollationiert), wobei SANGA und EŠ eine Ligatur bilden. Da als Plural $^{\text{LÚ.MEŠ}}$SANGA zu erwarten stünde, wäre eine emendatorische Lesung *^{LÚ}SANGA$^{\text{MEŠ!}}$ nicht sonderlich wahrscheinlich.

10’ [pé]-⸢e⸣-ra-an ḫu-i̯a-an -zi
11’ [ ]-⸢e⸣-an-ta a-ar-ga-mi gal-gal-tu-⸢u⸣-r[i]
12’ [ ]x na-aš ar-za-na-aš pár-na pa-iz-⸢zi⸣

13’ [-e]š-taḫ-ḫa pa-ra-a ⸢pa⸣-a-pa?-an-zi
14’ [ ]x x$^{\text{ḪI.A}}$ ^{LÚ}*MU-RI-DI*
15’ [ ]x da-aš-ki -ir

16’ [-z]i ne ḫa-pal-zi-il
17’ [ši-p]a-an-ti ú-e-ḫa-an-ta
18’ [ ]x {Rasur}-na!
19’ [-u]š-kán-zi
20’ [ ]x

Rs.

---

x+1 [-z]i nu DINGIR^{MEŠ} [
2’ [mar-nu-a]n-da -aš
3’ [iš-pa-an-tu-zi-aš-šar DUMU-l]i pa-a-i DUMU-aš
4’ [ ]-⸢*ŠU*⸣ ši-pa-an-ti
5’ [iš-pa-an-tu-zi-a]š-šar DUMU-li e-ep-zi
6’ [pé]-⸢e⸣-ra-an da-a-i

7’ [na-aš-kán pa-ra-a pa-iz(?)-zi n]a-aš-ša-an KÁ-aš ti-i-ez-zi
8’ [nu-uš *ŠU-ŠI* IX UDU$^{\text{ḪI.A}}$ pé-r]a-an šar-ra-an -zi

---

9’ [XXIV UDU$^{\text{ḪI.A}}$ *A-NA* XII $^{\text{LÚ.MEŠ}}$SANGA I]X UDU$^{\text{ḪI.A}}$ *A-NA* III $^{\text{MUNUS.MEŠ}}$DINGIR[.AMA III UDU]
10’ [^{MUNUS}ŠU.GI LUGAL II]I UDU$^{\text{ḪI.A}}$ *A-NA* $^{\text{LÚ.MEŠ}}$ḫ[a-pí-i̯a-aš II UDU]

11’ [^{LÚ}MAŠKIM URU$^{\textit{LIM}}$ II] UDU ^{LÚ}EN.NU.UN ^{G}[$^{\text{IŠ!}}$TIR II UDU ^{LÚ}GUDU$_{12}$]

12’ [II UDU LÚ$^{\text{MEŠ DINGIR}}$]IM I ⌈UDU⌉ É Z[i-ik-mu-uḫ ^{LÚ}KISAL.LUḪ

13’ [I UDU É Ḫal-ki-i̯a-aš ^{LÚ}KISAL.LUḪ II U]DU ^{LÚ}NAR ^{URU}[Ḫa-an-ḫa-ni]

14’ [III UDU LÚ$^{\text{MEŠ GIŠ}}$G]IDRU III$^{!}$ UDU$^{\text{!ḪI.A LÚ.M}}$[$^{\text{EŠ!}}$SAGI II UDU LÚ$^{\text{MEŠ GIŠ}}$BANŠUR]

15’ [II UDU $^{\text{LÚ.MEŠ}}$MUḪALDIM šar-ra-]an -z[i]

16’ [I UDU $^{\text{LÚ.MEŠ}}$ḫa-a-li-i̯a-me-i̯a-aš I UDU ^{LÚ}]*MU-RI-DI* I U[DU ^{LÚ}NINDA.DÙ.DÙ]

17’ [II UDU $^{\text{LÚ.MEŠ}}$ALAM.ZU$_9$ II UDU ^{LÚ}NA]R LUGAL III U[DU $^{\text{LÚ.MEŠ}}$DUB.SAR]

18’ [I UDU ^{LÚ}ZABAR.DA]B ŠU.NÍGIN *ŠU-Š*[*I* IX UDU$^{\text{ḪI.A}}$]

19’ [zi]-⌈in⌉-ni-i[z-zi

20’ [nu t]u-un-na[-ak-ki-iš-na ḫal-zi-i̯a]

21’ [LÚ^{MEŠ} TU$_7$ $^{\text{TU}_7}$ḫa-pa-an-zi-ri DUM]U-li [da-a-i]

22’ [ ]x[

Nummer 42 (Bo 1307)

CTH: 718
Datierung: jh.
Anschlüsse: -
Duplikate: -
Bearbeitung: Th. van den Hout, BiOr 51 (1994), Sp. 123

x+1 [ ]x x[

2’ [ ] UD-az$^{!}$ x[

3’ [-]šu ḫu-⌈i⌉-[

4’ [ ]x ki-iš-ša-an ⌈me⌉-m[a-
5’ [ ]x-al-lu-u [
6’ [ ]x-da ^{URU}KÁ.DINGIR.RA-⌈li⌉
7’ [ ]x VII [ ]

8’ [ ] kap-pu-u-uš-ki-iz -z[i]
9’ [-]ni-it ša-ra-a - ⌈pát⌉
10’ [ ] ḫu-it-ti-i̯a -zi
11’ [EGI]R-pa {Rasur}
12’ [ ] -i

Nummer 43 (Bo 1308)

CTH: 470
Datierung: jh.
Anschlüsse: -
Duplikate: -
Bearbeitung: -

Vs.

1 [ ]x-x-ta-an-zi na-an ⌈ke⌉-e-da-aš [ ]
2 [ ]- ⌈e⌉-eš-šar ku-it ma-a-an-ma-aš-ma-aš-kán ku-u̯a-p[í]
3 [m]e-ma-i ša-an- ⌈na⌉-an ku-it ⌈ḫar⌉-kán-z[i]
4 [ ] *IŠ-TU* INIM ^{f}GEŠTIN.Ì.GÙB(-)ša-an [
5 [ ]x uš-ga-at-te-ni [ ]
6 [ ] ⌈ta⌉-pa-aš-ša- ⌈an⌉ [ ]
7 [ ]x-aš nu-kán ⌈EGIR⌉-pa ^{GIŠ}DAG-ti [

---

8 [ ]x x[

Rs.

x+1 [-]an[-

2’ [-š]a-an-⸢zi⸣ [

Nummer 44 (Bo 1312)

CTH: 820
Datierung: jh.
Anschlüsse: -
Duplikate: Bo 3428; Bo 6952
Bearbeitung: S. Košak, ZA 84 (1994), p. 289; Th. van den Hout, BiOr 51 (1994), Sp. 123; 1’-6’ G. Torri, Or 72 (2003), p. 220

Vs.?

x+1 ⸢ta-ri-i̯a⸣-[an-ta-an la-aš-ke-e-mi u̯a-ar-ši-an-da-an]
2’ ⸢tu⸣-u-ri-⸢i̯a-an⸣-z[i u̯a-ar-ši-an-da-an]
3’ tu-u-ri-iš-ki-mi ap-pé-e[z-zi-iš ḫur-ki-iš]
4’ ⸢GIM⸣-an IGI-⸢zi-in *UL* ú-e⸣-[mi-ia-zi]
5’ ^{DINGIR}UTU-⸢šum⸣-ma-an x x x x x [
6’ le-e ú-e-mi-iš-⸢ki⸣-zi [ ]

7’ ⸢i⸣-da-la-u-u̯a-an-za [ ]x[ ]x x[
8’ ⸢ir⸣-ma-⸢na⸣-an-za ú-e-mi-⸢iš-ki⸣-[i]d-⸢du⸣ [
9’ ⸢li⸣-in-kán-za ú-e-mi-iš-⸢ki⸣-[i]d-⸢du⸣ [
10’ x-ni-iš ú-e-mi-iš-⸢ki⸣-[i]d-⸢du⸣ [
11’ [a]-⸢im-pí⸣-iš da-an-⸢ku⸣-iš [
12’ [t]a-aš-ta e-ep-du [

Nummer 45 (Bo 1315)

CTH: 664
Datierung: jh.
Anschlüsse: -
Duplikate: -
Bearbeitung: Th. van den Hout, BiOr 51 (1994), Sp. 123; M. Popko, Or 61 (1992), p. 471; Vs.$^{?}$ 2'ff. D. Yoshida, THeth 22, p. 211; V. Haas, Gesch.Relig., p. 458 Anm. 76

Vs.$^{?}$

x+1 [ ] ar-t[a-ri]

2' [ ]x ^{DINGIR}UTU ^{URU}PÚ-⸢na⸣ [
3' [^{DINGIR}U(?) ^{URU}] ⸢*ḪA*⸣-*LA-AB* t[a-
4' [ ]x ^{DINGIR}*SÎN* ŠÀ ^{GIŠ}⸢KIRI$_{6}$⸣ [
5' [ ]x ^{DINGIR}LAMMA ^{URU}Ta-⸢ú⸣-[ri-ša
6' [ ] ^{DINGIR}IMIN.IMIN.BI ŠÀ ^{GIŠ}{Ras.}[
7' [ ]x ^{DINGIR}U *ŠA-ME-E* *Š*[*A*
8' [ ]x ar-ta-ri [
9' [^{DINGIR}Aš-k]a-ši-pa [-

10' [ ]x[ ]x[ ]x[

Rs.$^{?}$

x+1 [ ] x x x x [
2' [ ]x-na-aš ^{DINGIR}UTU-aš EGI[R-
3' [ ]x-ši ar-t[a-ri
4' [ ]x[ ]x[

Nummer 46 (Bo 1321)

CTH: 832
Datierung: jh.

Anschlüsse: -
Duplikate: -
Bearbeitung: -

x+1 [ ]x-kán-⸢za⸣ [
2’ [ ]x nu-uš-ma-aš x[
3’ [ ] ^{URU}*ḪA-AT-TI*-i̯a-ká[n
4’ [-]*ŠU* ú-it IGI$^{ḪI.A}$-⸢it⸣
5’ [-]ma-aš UR.SAG-in
6’ [ ]-⸢eš⸣-ki-id -du

7’ [GU]$_4$-it UDU-it ⸢ḫal-ki-it⸣ x x x [
8’ [ ]x-na *ŠA* KUR ^{URU}*ḪA*-⸢*AT*⸣-*TI*
9’ [ ] ⸢ḫu⸣-u-i-nu-u̯a-an ḫar-du
10' [ ]x ku-in kat-ta ḫu-u-i-nu-u̯a-an
11’ [*I-NA* KUR ^{URU}*Ḫ*]*A-AT-TI* ku-u̯a-pí ^{LÚ}KÚR an-da ú[-it]
12’ [ ]x ta-pa-a-aš ma-aḫ-ḫa-an *A-NA* ⸢UR⸣.GI$_7$ [
13’ [-]an ar-ḫa píd-da-a-i na-aš x[
14’ [-ḫ]a-an *ŠA* KUR ^{URU}*ḪA-AT-TI* x[
15’ [me-n]a-aḫ-ḫa-an-da x-x-⸢zi⸣ [
16’ [ ]x[

Nummer 47 (Bo 1323)

CTH: 670
Datierung: jh.
Anschlüsse: -
Duplikate: -
Bearbeitung: -

Vs.$^{?}$

x+1 [-a]n-⸢te-eš⸣ [

2' [ ]x-i a[-
3' [ ]x-ri [ ]
4' [^{ME}]^{Š} É.GAL ḫa[-
5' [-]ši *Ú-UL*-ma [
6' [ ] ⸢*Ú*⸣-*UL* še-eš-z[i]
7' [^{UR}]^{U}Ša-al-ma (-)an[(-)
8' [ ]x-an na -a -i [ ]

9' [ ]x LUGAL-uš ^{URU}Ša-al-ma-za
10' [-r]i
11' [^{LÚ}*ḪA-ZA-*]*AN-NU* ^{URU}*ḪA-*⸢*AT*⸣*-TI*
12' [ ]-⸢ḫa⸣

Rs.?

x+1 [ ]x
2' [ ]x-⸢an⸣-ṷa-an KÙ.BABBAR
3' [-z]i na-an-kán LUGAL-i
4' [ ]x te-ez-zi
5' [i]š-pa-an-du-ṷa GEŠTIN
6' [L]UGAL-uš ^{NA_4}ḫu-u-ṷa-ši-i̯a
7' [*Š*]*A* ^{URU}Ḫi-pu-ri-i̯a
8' [^{L}]^{Ú}ALAM.ZU$_9$ me-ma-i
9' [ḫal-z]a-a-i

10' [ ] x x

Nummer 48 (Bo 1322)

CTH: 763
Datierung: jh.

Anschlüsse: -
Duplikate: -
Bearbeitung: -

Vs. II

---

x+1 [ ]x pa-a-i-ši
2' [ ]x-ma-aš-ša-an ki-nu-ut
3' [ ]x-ši-i̯a-eš-ki

4' [ ] na-an-ša-ma-ša-pa
5' [ ]x-iz-zi nu *QA-TAM-MA*-pát
6' [-ša-]ma-ša-pa tu-ek-ki-iš-mi
7' [ ]x GIG-an a-aḫ-ra-aš u̯a-aḫ-ra-a[š
8' [ ]-⸢ma⸣-aš-kán ka-a-aš ḫal-ki-aš-x[
9' [ ] da-a -ú [ ]

Rs. III

1 [ ]x ALAM$^{\text{ḪI.A}}$ IM [
2 [ ]x ar-ḫa-aš-ma-aš-kán x[
3 [-]ma-an a-aḫ-ra-an u̯a-aḫ[-ra-an]
4 [ ]x-du i-da-a-lu p[a$^{?}$-
5 [-š]a-at EGIR-x[
6 [ ]x-an-da

---

7 [ ]x-ra-a
8 [ ]x
9 [ ]x-i
10 [ ]x-túḫ-ša-an e-eš-du

11 [ ]x
12 [-d]a

Nummer 49 (Bo 1305)

CTH: 215
Datierung: mh.
Anschlüsse: -
Duplikate: -
Bearbeitung: -

Vs.

x+1 [d]a-a-⸢i⸣ [
2’ [ ]x-at
3’ [ ] ⸢*Ú*⸣-*UL*
4’ [ ]x -aš
5’ [-]na pa-a-i

6’ [ ]x ⸢SAG.DU-*ŠU*⸣ x x [ ]-⸢iz⸣-zi
7’ [ ]x ^{LÚ}KÚR {Ras.} ^{LÚ}KÚR-*ŠU* e-eš-zi
8’ [ ]x-zi nu-uš-ši ^{DINGIR}IM *ŠA* ZI-*ŠU* *Ú-UL* i-e[20]-zi
9’ [ ] ⸢i⸣-e-ez-zi

10’ [ ]x ša-ra-a pa-iz-zi
11’ [ ]x le-e-u̯a
12’ [ ]x x x
13’ [ ]x x

Rs.

x+1 [ ]x x x [ ]x x [

---

[20] Über unvollständiger Rasur.

2’ [-i]t-te-ni [ ] x x x
3’ [ ]x[k]u-e-er-zi
4’ [ ](-) ⌈e-i̯a⌉-an i-da-a-lu

5’ [ ]x SIG$_5$-in ḫa-an-ne-⌈eš⌉-x[
6’ [ ]x *A+NA* ^{LÚ}KÚR-kán ^{UZU}Ì
7’ [ ]x-ti-i̯a-i̯a-at a-aš-šu

8’ [ ]x-an {Rasur} KASKAL-ši i-da-a-lu
9’ [ ]x le-e-u̯a pa-it-te-ni
10’ [ ] ⌈*A*⌉ *+NA* x x x ma-aḫ-ḫa-an SAG.DU-*KA*
11’ [ ]x^{MEŠ}-aš KASKAL-an *Ú-UL* e-ep-ši

12’ [ ]x te-ši
13’ [ ]x šar-ru-u̯a-an-zi
14’ [ ]x NINDA-an
15’ [ ]x-ti

Nummer 50 (Bo 1333)

CTH: 573
Datierung: jh. (spät)
Anschlüsse: -
Duplikate: -
Bearbeitung: Th. van den Hout, BiOr 51 (1994), Sp. 123

Vs.

x+1 [ ]x-⌈na⌉
2’ [-n]a
3’ [ ]x-ar
4’ [ ]x-x-⌈da⌉-na-⌈a ku⌉-iš-ki

5' [ ]x-ḫi-x
6' [ ] x ME-aš
7'(!) [ ]

8' [ ]x-aš a-pé-ez-za INIM-za
9' [an-d]ur-za
10'(!) [ ]

11' [n]a-aš II-an ar-ḫa pa-a-ir
12' [KAxU-*ŠÚ*-ma[21]-]aš-za-kán KASKAL-ši na-a-iš
13' [t]a-pa-aš-ši-iš
14'(!) [ ]

15' [ ] x x *INA* UD.II^{KAM}
16'(!) [ ]

17' [ ] x x -x-mi-e-ni

Nummer 51 (Bo 1332)

CTH: 628
Datierung: jh.
Anschlüsse: -
Duplikate: -
Bearbeitung: V. Haas/I. Wegner, OLZ 86 (1991), Sp. 172; I. Wegner, ChS I/3.2, Nr. 164; 2(') D. Groddek, IJDLS 1, p. 38 Anm. 112; V. Haas, Gesch.Relig., p. 380 Anm. 525

x+1 [ ] ⌈^{DINGIR}Na-a[22]⌉ -b[ar-bi

---

[21] Ergänzungsvorschlag von Y. Sakuma (brieflich).
[22] -a- ist bei I. Wegner, ChS I/3.2, p. 299, ausgelassen.

2’ [^{DINGIR}]A-i-u-⌈un⌉ ^{DINGIR}⌈I-ga⌉-[al-du-un

3’ [^{DIN}]^{GIR}Ša-a-lu-uš ^{DINGIR}[Pí-ti-in-ḫi

4’ [^{DIN}]^{GIR}A-dam-ma ^{DINGIR}[Ku-pa-pa

5’ [^{DIN}]^{GIR}U-ur-šu-u-i [iš-kal-li

6’ [ ]x-du-un-ni[-
7’ [-i]š-ša d[a-
8’ [ ]x-eš-x[

Nummer 52 (Bo 1347)

CTH: 577
Datierung: jh.
Anschlüsse: -[23]
Duplikate: -
Bearbeitung: St. de Martino/H. Otten, ZA 74 (1984), p. 299; Th. van den Hout, BiOr 51 (1994), Sp. 123; Th. van den Hout, DMOA 25, p. 241f.; Th. van den Hout, StBoT 38, p. 161-162 m.Anm. 281

1 [DUMU ^{m}Ar-nu-]u̯a-an-ta ku-iš ⌈SIxSÁ⌉-[at
2 [DUMU ^{m}A]r-nu-u̯a-an-ta ku-it KUR ^{UR}[^{U}
3 [ ]x e-eš-ta ki-nu-un-ma-aš-ši [
4 [ ] ḪUL-lu a-pé-e-el UD^{KAM}-aš [
5 [S]UD-iš-ki-ši nu-u-u̯a-at ni-x[
6 [le]-⌈e⌉ ku-it-ki TUKU.TUKU-u-an-za n[u

[23] Th. van den Hout, StBoT 38, p. 162 Anm. 181, erwägt einen indirekten Anschluß an KUB 16.77.

7 [^{UR}]^{U}Ki-ú-ta ^{URU}A-la-al[-ḫa
8 [TUKU.TUKU-at(?)-t]i SIxSÁ-⸢at⸣ *A-NA* É^{TI}-m[a-aš še-er]
9 [TUKU.TUKU-u-an-za]x ša-ak-ku-ri-i̯a-an[-
10 [T]UKU.TUKU-at-ti SIxSÁ-t[a-at]

Nummer 53 (Bo 1362)

CTH: 670
Datierung: jh. (spät)
Anschlüsse: -
Duplikate: -
Bearbeitung: S. Košak, ZA 84 (1994), p. 289

x+1 [ ]-⸢e-da⸣-[
2' [ ](-)⸢da⸣-an-zi [
3' [-a]n-zi nu ki-i SIS[KUR[24]
4' [ ] UD.XIII^{KAM} [

5' [É]RIN^{MEŠ}-an *A-NA* ^{LÚ}KÚR ḫu-⸢it⸣-[ti-i̯a-
6' [ ] ⸢*A-NA*⸣ ÉRIN^{MEŠ} pé-ra-an i-i̯a[-
7' [ ]x-⸢kán⸣-zi KASKAL-ši-iš ⸢ša⸣-[
8' [ ]x KASKAL-ši ti-i̯a(-)nu(-)x[
9' [k]u-iš-ki ⸢i⸣-i̯[a-
10' [(-)]ki-š[a-

Nummer 54 (Bo 1375)

CTH: 645[25]

---

[24] Mit S. Košak, ZA 84 (1994), p. 289, nach Photokollation.
[25] Bei S. Košak, Konkordanz (1.0), sub Bo 1375, stehen fälschlicherweise unter Bo 1375 die Angaben, die zu Bo 1374 gehören, das ganz fehlt.

Datierung: jh.
Anschlüsse: -
Duplikate: -
Bearbeitung: -

x+1 [ ]x[
2’ [ ]x[ ]x[
3’ [ ] ⌜*A*⌝-*NA* ŠÀ^{BI} x [
4’ [ ] ⌜^{DINGIR}⌝Pa-pa-i̯a x[
5’ [ ]x-ni-an-x[
6’ [-]pa-an-x[
7’ [ ]x x[
8’ [ ]x[

Nummer 55 (Bo 1379)

CTH: 582
Datierung: jh.
Anschlüsse: -
Duplikate: -
Bearbeitung: Th. van den Hout, BiOr 51 (1994), Sp. 123

Vs.

1 [ ]x ar-ḫa ^{URU}Šu-x[
2 [ ]x-pa-na-an :ta[-
3 [ ]x nu ^{URU}Ḫa-at[-
4 [-n]a a-ri x[
5 [ ]x-i̯a-an x[
6 [ ] x x [

Rs.

x+1 [ ] x x [
2’ [ ] ^{LÚ}KÚR x[

3’ [ ]x ḪUL-i *I-*⸢*NA*⸣ [
4’ [p]ár-na-aš-ša a-aš-šu [

Nummer 56 (Bo 1381)

CTH: 744
Datierung: jh.
Anschlüsse: -
Duplikate: - (par. KBo 27.39)
Bearbeitung: M. Popko, Or 61 (1992), p. 471; Th. van den Hout, BiOr 51 (1994), Sp. 123; 5(’) E. Neu, StBoT 12, p. 76 Anm. 27; H.G. Güterbock, FS Hoffner, p. 127; V. Haas, Gesch.Relig., p. 689 Anm. 110[26]

x+1 [ ] x x x x x x
2’ [ ]x-an -zi

3’ [$^{\text{LÚ.ME]Š}}$SANGA $^{\text{LÚ.MEŠ}}$GUDU$_{12}$ $^{\text{LÚ.MEŠ}}$da-ḫa[-
4’ [ ]-⸢i̯a⸣-aš-za da-pí-za pé-e-da-an
5’ [ ]x^{MEŠ} É.GAL ^{GIŠ}za-al-u̯a-ni-in
6’ [ ]x *INA* ⸢É⸣.SÀ pé-e-da -i

7’ [LÚ ^{URU}Ḫa]r-ḫar-na GÍR pa-aš-zi[27]
8’ [II $^{\text{MUNUS.MEŠ}}$K]AR.⸢KID⸣ ^{URUDU}a-šu-šu-uš GUŠKIN
9’ [EGIR-an-da-ma II LÚ^{M}]^{EŠ} ^{GIŠ}KUN$_5$ VI zi-d[a-
10’ [ ]x ú-iz-zi [ ]
11’ [ ] x x [

Nummer 57 (Bo 1384)

CTH: 470

[26] KUB 60.56 III 21’ bei P. Cotticelli-Kurras, THeth 18, p. 155, ist Fehlzitat.
[27] Vgl. KBo 32.106 Rs.$^{?}$ 12’.

Datierung: jh.
Anschlüsse: -
Duplikate: -
Bearbeitung: Th. van den Hout, BiOr 51 (1994), Sp. 123; S. Košak, ZA 84 (1994), p. 289; 6'-11' V. Haas, MMMH, p. 340; 6'-11' P. Dardano, StBoT 47, p. 140; 7' E. Rieken, StBoT 44, p. 311f.; 11' V. Haas, MMMH, p. 414.443.516; V. Haas, MMMH, p. 339

x+1 [ ]x[
2' [ ]x-te-ni x[
3' [ ] šu-up-pí-i̯a-aḫ[-

4' [ ]x-ma-i̯a ku-i-e-eš ^{DINGIR}x[
5' [ ]x u̯a-ar-pa-an-zi nu ḫu-u-ma[-an(-)
6' [ ]x SISKUR[28] aš-ša-nu-u̯a-an-zi nu S[UM^{SAR}
7' [k]u-e im-ma ku-e u̯a-aš-ḫar $^{⌜\text{GIŠ}⌝}$[
8' [ku-i]t-ma-an-kán DINGIR^{LAM} *I-NA* [

9' [ ]x-i̯a-ma ku-iš ^{LÚ}SA[NGA
10' [ḫu]-⌜u⌝-ma-an [SU]M^{SAR} SUM.SIKI[L^{SAR}
11' [U]ZU UZ$_6$ UZU UR.G[I$_7$

12' [ ]x ⌜É⌝ [

Nummer 58 (Bo 1382)

CTH: 670
Datierung: jh. (spät)
Anschlüsse: -
Duplikate: -
Bearbeitung: -

---

[28] SÍSKUR bei V. Haas, MMMH, p. 340, ist Versehen (dto StBoT 47, p. 140).

x+1 [ ]x[

2’ [ ]x at[-

3’ [ ]x UD^{KAM}-ti i-x[

4’ [ ]x-zi nu pé-ra-an ⌜pa⌝-r[a-a

5’ [ ]x^{MEŠ} ki-iš-ša-an ḫu-u-x[

6’ [K]Ù.BABBAR ÉRIN^{MEŠ} ^{URU}*ḪA-AT-TI* ^{UR}[^{U}

7’ [ ]x$^{ḪI.A}$ I UR.MAḪ KÙ.BABBAR I U[R.
MAḪ

8’ [ ]x[ ]x x[ ]x[

9’ [ ]x[

Nummer 59 (Bo 1391)

CTH: 768
Datierung: jh.
Anschlüsse: -
Duplikate: - (vgl. KBo 43.235 (+) KBo 43.234)
Bearbeitung: F. Starke, StBoT 30, p. 254; F. Imparati, Eothen 12, p. 677ff. (= AoF 25 (1998), p. 130ff.); V. Haas/I. Wegner, OLZ 86 (1991), Sp. 172; V. Haas, FS Schlerath, p. 80 Anm. 45; Vs. 2 E. Laroche, Heth.u.Idg., p. 150; Vs. 3-10 H.Th. Bossert, MIO 3 (1955), p. 70/71; Vs. 3-6 B.J. Collins, Diss., p. 66 Anm. 234; Vs. 4.7 E. Neu, StBoT 5, p. 67; Vs. 4.7.8 G. Kellerman, Hethitica 8 (1987), p. 232 Anm. 8; Vs. 8 E. Neu, StBoT 5, p. 67; H. Otten, JKF 2 (1953), p. 65; V. Haas, Gesch. Relig., p. 414 Anm. 22

Vs. I

1 [ ]x-aš-u̯a-ra-aš-kán ^{DINGIR}[

2 [U]R.MAḪ-aš u-ni ni-ni-i[n-

---

3 [-]a-mu UR.MAḪ-aš [

4 [GEŠTU-]ar i-i̯a-u-u̯a-at-ta-a[t]

5 [ ] a-aš-šu

---

6 [ ]-⌜a⌝-mu UR.MAḪ-aš ^{DINGIR}Pí-ir-u̯a
7 [i-i̯]a-u-u̯a-at-ta-at a-aš-šu

---

8 ⌜i⌝-i̯a-u-u̯a-⌜at⌝-ta-u-u̯a-ar a-aš-šu
9 GEŠTU-ar ⌜LUGAL⌝-it-ta
10 ma-i̯a-an-ti-li

---

11 LUGAL-it-ta ⌜ma⌝-i̯a-⌜an-ti-li⌝
12 ⌜^{DINGIR}Pí⌝-ir-u̯a-aš-u̯[a

Vs. II

x+1 x[
2’ x[

Rs.

x+1 x x x x [

2’ a-aš-ša-an mi-i-š[a-

3’ a-aš-ša-an ḫu-ut-ḫu[-

4’ a-an-za-an a-ḫar-ra-aš x[

5’ a-aš-ši-an-kán an-du-u̯a-aš-ši-iš [

6’ ki-i-ma-u̯a [k]e-e-el MUNUS-aš-u̯a[-

7’ [n]a-at-ta-u̯a-a an-na-aš ⌜na⌝-[

8’ [n]a-at-ta a-aš-ša-nu-uš[-

9’ [^{DINGIR}MUNU]S.LUGAL-aš a-a-⸢la⸣-aš-sa[-

10’ [z]i-ik-u̯a-mu a-a-l[a-

---

lk.Rd.

1 [ ]-⸢al⸣-li-u-ri [ ]

Nummer 60 (Bo 1399)

CTH: 590
Datierung: jh.
Anschlüsse: -
Duplikate: -
Bearbeitung: r.Kol. 10(’) N. Oettinger, Stammbildung, p. 382

lk.Kol.

x+1 [ ]x ⸢kiš⸣-an
2’ [ ]x-aš-za-kán
3’ [ ]x

4’ [ ]x *I-NA* ^{URU}Ḫa-an-ḫa-na
5’ [ ] a-pí-i̯a
6’ [ ]x(-)ú-ra-ki-i̯a ⸢ḫar⸣-zi
7’ [ ]x ku-⸢it⸣
8’ [-]ta-ri
9’ [-]nu-mi

10’ [ ]x-pa-aš-šu-u̯a-nu-un
11’ [ ]x-zi
12’ [U]RU-ra-az
13’ [ ]x-an-u̯a-ra-an
14’ [ ]x
15’ [-m]i
...
16” [-a]n
...
17’” [ ] ú-iz-zi
18’” [ ]x GÚ.TAR du-mi-nu-u̯a-an-te-eš

r.Kol.

x+1 x x [
2’ šal-li-⌜iš⌝ x[
3’ :kar-ma-n[a-i̯a-
4’ I-e-da-az [
5’ ku-u̯a-pí-ik[-ki
6’ nu-u̯a-za ku-it-m[a-an
7’ GÌR^{MEŠ}-za u̯a-a[l-
8’ :kar-ma-na-i̯a[-

9’ pa-ra-a-ma-u̯a-x x[
10’ II-*ŠU* pár-na-⌜ú⌝-u̯a-x[
11’ I-aš-ma-u̯a :ḫu-la[-
12’ nu-u̯a-ra-aš-za-kán du-⌜uš⌝-[
13’ ku-e-da-ni-ik-ki pé-d[i
14’ nu-u̯a-kán im-ma e-ni ḫ[i-
15’ nu-u̯a-mu-kán $^{\text{⌜TÚG⌝}}$pár-⌜nu$^{!}$⌝-uš ḫ[i-
16’ ša-li-ku-un nu-u̯a-ra-aš-ká[n

17’ pa-ra-a-ma-u̯a im-ma MUNUS-na-x[
18’ ḫa-an-da-an ḫar-zi MUNUS.LUGAL x[
19’ ma-al-ta-an ḫar-z[i$^{?}$
20’ ḫar-ku-un ma-a-an [
21’ [n]u-u̯a *A-NA* x[

Nummer 61 (Bo 1422)

CTH: 214
Datierung: jh. (spät)
Anschlüsse: -
Duplikate: KBo 16.41 I 16’ff.
Bearbeitung: S. Košak, ZA 84 (1994), p. 289

x+1 [ ]x x[
2’ [a-ši-u̯a-kán ku-u̯]a-pí *A-NA* x[
3’ [nu-u̯a-za-kán] a-pé-el ad-da-a[n IGI$^{\text{ḪI.A}}$
4’ [^{DINGIR}UTU-aš-ši-ma]-⌜u̯a⌝-ra-an šal-la-nu-u[š-
5’ [ ]x nu *UL* ku-it LUGAL[^{MEŠ}
6’ [ku-in] *UL* GAM ti-iš-kán[-
7’ [*UL* kat-ta d]am-ma-aš-kán-zi [
8’ [nu *I-NA* KUR ^{URU}I-]šu-u̯a tu-uk x[
9’ [ ]x INIM-an x[

Nummer 62 (Bo 1404)

CTH: 209
Datierung: jh. (spät)
Anschlüsse: -
Duplikate: -
Bearbeitung: Th. van den Hout, BiOr 51 (1994), Sp. 123

Vs.$^{?}$

---

x+1 ki-iš-ša-an [
2' INIM^{MEŠ} ^{m}An-k[i-
3' ku-iš ku-it x[
4' ú-e-mi-i̯a-x[
5' me-mi-i̯a-aš-kán [
6' GIM-an i-i̯a-a[t(-)
7' DUMU.NITA-*KA*-u̯a-mu x[
8' ⌜GIM⌝-an-ma-an [
9' [ ]x-it-ma a-x[
10' [ ]x[

Rs.?

---

x+1 kiš-š[a-an
2' *A-NA* [
3' a-pa-a-a[š
4' me-ma-a[ḫ-ḫi
5' a-pa-a-aš-x[
6' nu-kán INIM-x[
7' [k]u-iš i-x[
8' [pa-r]a-a pa-a[-

Nummer 63 (Bo 1406)

CTH: 670
Datierung: jh.
Anschlüsse: -
Duplikate: -
Bearbeitung: M. Popko, Or 61 (1992), p. 471; 9'-18' M. Popko, THeth 21, p. 264

x+1 [ ]x x[

2' [ ]x[

3' [ ]x-u-⌈iš⌉ [

4' [ ]x-⌈da⌉-a-x[

5' [$^{DI]NGIR}$U ^{URU}Zi-pal-⌈da⌉-x[

6' [-z]a-eš II ⌈NINDA⌉ x x [

7' [ ]x-*BI*$^{HI.A}$ GUŠKIN [

8' [ ] ⌈e⌉-ša(-)ta-x[

9' [-]an ⌈pé⌉-eš-⌈kán-zi⌉ [

10' [ ]x u̯a-ar-⌈šu-li⌉ [

11' [ ]x SÌR^{RU} IX ⌈*BE-LU*⌉[29] [

12' [$^{DIN]GIR}$ ⌈U ^{URU}⌉ Zi-pal-an-da [

13' [^{URU}Z]i[-p]al-an-da [

14' [-]da n[a-]-⌈an⌉-x [

15' [*A-N*]*A* ^{DINGIR}Zi-tu-ḫi-š[u

16' [*A-N*]*A* $^{ḪUR.SAG}$Da-a-ḫ[a

17' [ ] $^{ḪUR.SAG}$Ḫu[-

18' [ ]x-⌈ú$^{?}$⌉-x[

Nummer 64 (Bo 1409)

CTH: 832
Datierung: jh. (spät)
Anschlüsse: -

---

[29] Oder ⌈*BE-EL*⌉?

Duplikate: -
Bearbeitung: -

Vs.

x+1 [ ] ⸢ku-it⸣ x [
2’ [-]nu-⸢uz⸣-z[i(-)
3’ [a]m-mu-uk-ma-a[n
4’ [-]ap-mi [ ]

5’ [ ]x ^{f}Ḫal-pa-u̯i$_5$-i̯a-aš ^{f}⸢Ba⸣-[
6’ [ ]x-aš-ki-uš me-mi-er [ ]

Rs.

1 [ ]x ^{f}⸢Ki⸣-ik-ki [
2 [ ] ⸢^{f}⸣Ḫal-pa-u̯i$_5$-i̯a u-i-i̯a-an-d[u
3 [ ]x GIM-an a-ši ú [-
4 [š]a-ra-a x[

Nummer 65 (Bo 1418)

CTH: 832
Datierung: jh. (spät)
Anschlüsse: -
Duplikate: -
Bearbeitung: Vs. 4’ E. Neu, Lok., p. 50 Anm. 116; Rs. 2.4 HEG III 272

Vs.

x+1 *Ú-UL* [
2’ zi-ik-ka$_4$-⸢za⸣ x[

3’ zi-ik-ma-za x[

4’ a-pé-e-ni x x[

5’ x x[

Rs.

x+1 ⌜nu-za⌝ x[

2’ :ta-at-⌜ta⌝-x[

3’ EGIR-an an-ni-eš-⌜ki⌝-[

4’ :ta-ta-pa-i̯a-⌜ma⌝ x[

Nummer 66 (Bo 1427)

CTH: 335
Datierung: jh. (spät)
Anschlüsse: -
Duplikate: -
Bearbeitung: Th. van den Hout, BiOr 51 (1994), Sp. 123f.; S. Košak, ZA 84 (1994), p. 289; M. Popko, Or 61 (1992), p. 471; Rs. 2 W. Dressler, Plur., p. 236; Rs. 3-4 W. Dressler, Plur., p. 234; Rs. 3f. HW² III 2b

Vs.

x+1 [ ]x[ ] ⌜ku⌝-x[

2’ [ ]x-an du[-

3’ [ ]x ^{GIŠ}MAR.GÍD[.DA

4’ [ ] ti-i̯a-an-da [

5’ [-z]i ki-i-i̯a na[m-ma

6’ [ ] *ŠA* DINGIR.M[AḪ

7’ [ka]r-pí-in an[-

Rs.

1 [ ]x-id-du [ ]

---

2 [le-l]a-ni-i̯a-an-za u̯a-al-ti-u̯a-al-ti[30]-eš-ki-iz[-zi]
3 [-]iz-zi kat-ta da-a-an-ku-in
4 [da-ga-an-zi-p]a-an ḫa-aḫ-ḫi-eš-ki-iz-zi
5 [ ] DINGIR^{MEŠ}-uš píd-da-a-ir
6 [ ] e-ep-pir ma-a-an-u̯a
7 [k]u-it-u̯a i-i̯a-u-e-⸢ni⸣

---

8 [ ] mi-e-nu a-ra-a-⸢iz-zi⸣
9 [ ]x[ ]x-an-u̯a DUMU-an x x [
10 [ ] x x x [ ] x x [

Nummer 67 (Bo 1420)

CTH: 470
Datierung: jh.
Anschlüsse: -
Duplikate: -
Bearbeitung: -

x+1 [ ] NINDA-⸢an⸣ [ ] x x [
2’ [p]a-ra-a ḫa-li-iḫ-ḫ[u-
3’ [-]in EGIR-pa pu-nu-uš-k[i-
4’ [ ]x na-ak-ki$^{!}$-i̯a pí-x[
5’ [nu-]u̯a-ra-aš-ša-an na-ak[-
6’ [š]a$^{?}$-me-in-kán nu-u̯a-ra-a[t

---

[30] TE bei Dressler, Plur., ist ein Versehen.

7’ [-]ma i-na-an ⸢EGIR-pa le⸣-[e

8’ [ḫa-an-]te-ez-zi-i̯a U[D-ti

9’ [zi-]in-ni-iz-z[i

10’ [ ] ⸢e⸣-ku-zi nu-⸢za⸣ [

11’ [t]i-an-zi nu-x[

12’ [ ]x[

Nummer 68 (Bo 1419)

CTH: 242
Datierung: jh.
Anschlüsse: -
Duplikate: -
Bearbeitung: 3’-9’ M. Forlanini, RIL 125 (1991), p. 297-298

x+1 [ ]x-⸢za⸣-x[

2’ [ ] ⸢II⸣ MA.NA-i̯a x[

3’ [^{URU}Ḫa-te-e]n-⸢zu⸣-u̯a EGIR-an a[p$^{?}$-

4’ [ ] I GÍR[31] TUR II PAD URUDU *A-NA* ^{m}Pí-x[

5’ [^{URU}Ta-aš-t]a-ri-eš-ša I ^{URUDU}NÍG.ŠU[.LUḪ.ḪA

6’ [^{URUDU}KI]N LÚ^{MEŠ} ^{URU}Ta-ti-mu-u̯a [

7’ [^{URU}Ká]n-ti-eš-ši-iš-ša I ^{URUDU}KI[N

8’ [*ḪA-AṢ-Ṣ*]*Í-IN-NU* LÚ^{MEŠ} ^{URU}Tar-ku-ma [

9’ [^{URU}Ša-ra-ḫ]a-ad-du II ^{URUDU}KI[N

10’ [ ] KIN L[Ú

---

[31] Das Zeichen ist nicht BAL, so Forlanini, RIL 125 (1991), p. 297.

Nummer 69 (Bo 1338)

CTH: 212
Datierung: jh. (spät)
Anschlüsse: -
Duplikate: -
Bearbeitung: S. Košak, ZA 84 (1994), p. 289

Vs.

x+1 [ ]x
2’ [ ] x x

Rs.

x+1 [ ] nu-mu-⌈za⌉ x x [
2’ [ ] ⌈EN⌉-*I̯A*-u̯a-mu INIM-⌈an⌉ [
3’ [ ] le-e ⌈ku⌉-in-ki ša-a[k-
4’ [li-]en-⌈ki⌉ nu ki-i *ṬUP-PU* PAB-ši [

5’ [ ]x-i̯a-at nu KASKAL-za ⌈EGIR⌉-pa u̯a-⌈aḫ⌉-[
6’ [ ] me-mi ka-⌈a⌉-ša-u̯a-ták-kán EN-*I̯A* [
7’ [ ]x II-an KASKAL-an pí-an ⌈li⌉-x ku?-u[n-
8’ [ ]x-an li-en-⌈ki⌉-[ ]x-aš x-u-e x x x [
9’ [ ]x-⌈tu ku⌉-iš-ki [

10’ [ ]x ⌈EN⌉-*I̯A* na-x-x[ ]x
11’ [ ]x

Nummer 70 (Bo 1472 + Bo 1484)

CTH: 295
Datierung: jh. (spät)
Anschlüsse: -
Duplikate: -

Bearbeitung: H. Klengel, Geschichte, p. 250 Anm. 479

Vs.[32]

x+1 [ ]x x[
2’ [ ]x *ŠA* É.DINGIR^{L}[^{IM} e-eš-ša-an]-⸢zi⸣ [DÙ-ri]

3’ [ ]x *Ú-UL* ku-it-ki x[
4’ [É.D]INGIR^{LIM} e-eš-ša-an[-zi]

Rs.

1 [^{m}]Uk-ku-ra *Ú-UL* [ku-it-ki u̯a-ak-ka$_4$-ri]
2 [-a]n *ŠA* É.DINGIR^{LIM} ⸢e⸣-[eš-ša-an-zi DÙ-ri]

3 [^{m}]Uk-ku-ra *Ú-UL* ku-it-ki ⸢u̯a⸣-[ak-ka$_4$-ri]
4 [É.DING]IR^{LIM} e-eš-ša-an-zi DÙ-r[i]

5 [ ] ^{m}Uk-ku-ra *Ú-UL* ku-it-ki u̯a-⸢ak-ka$_4$-ri⸣
6 [ ] ⸢e⸣-eš-ša-an-zi DÙ-ri

7 [ ]x ⸢^{m}⸣Uk-ku-ra ⸢*Ú-UL* ku-it⸣-ki u̯a-ak-ka$_4$-ri
8 [É.DING]IR^{LIM} e-eš-ša-an-zi DÙ-ri

9 [^{m}U]k-ku-ra *Ú-UL* ku-it-ki u̯a-ak-ka$_4$-ri

[32] Auf dem Rand ist noch der Ausgang einer Zeile (DÙ-ri) erhalten. Dieser Zeilenausgang dürfte etwa der achtletzten Zeile der Vs. zuzuordnen sein.

10 [ ] e-eš-ša-an-zi DÙ-ri

---

11 [ ] ^{m}Uk-ku-ra *Ú-UL* ku-it-ki u̯a-ak-k[a$_4$-ri]

12 [ ] ⸢e⸣-eš-ša-an-zi DÙ-ri [ ]

---

13 [^{m}Uk-ku-r]a *Ú-UL* ku-it-ki u̯a-ak-k[a$_4$-ri]

14 [e-eš-š]a-an-zi DÙ-ri [ ]

---

15 [ ] ⸢^{m}⸣Uk-ku-ra *Ú-U*[*L* ku-it-ki

16 [ ]x-an-da BAL[-

Nummer 71 (Bo 1456)

CTH: 242
Datierung: jh. (spät)
Anschlüsse: -
Duplikate: -
Bearbeitung: -

Rs. r.Kol.

{Rasur} [

---

x+1 ⸢V⸣ GÍN KÙ.BABBA[R

2’ EGIR-an-da-i̯[a

3’ ŠU.NÍGIN XXX GÍN K[Ù.BABBAR

4’ VI GÍN GUŠKIN an[-

5’ ŠU^{MEŠ} pát-tar an-ni-x[

6’ I$^{!}$ KI.LÁ $\text{TI}_8^{\text{MUŠEN}}$ GAL [

7’ x GÍN ⌈GUŠKIN an-⌉ [
8’ [ ]x[

Nummer 72 (Bo 1433)

CTH: 670
Datierung: jh. (spät)
Anschlüsse: -
Duplikate: -
Bearbeitung: V. Haas, WZKM 68 (1976), p. 203[33]

Vs.

x+1 [ ]x[
2’ [ ]x x[ ]x[
3’ [ ]x-ma-x[ ]x

4’ [ ]x[34](-)ar-nu-u̯a-an[-
5’ [ ] x x pé-e-x[
6’ [^{GIŠ}B]ANŠUR DINGIR$^{\textit{LIM}}$ x[

7’ [*BI-IB-*]*RI*-kán an-da ^{GIŠ}BAN[ŠUR
8’ [ ]x x x-ur I NINDA x x [
9’ [-a]n-zi EGIR ^{GIŠ}BANŠUR x[

10’ [ ]x ^{LÚ}*H̯A-TÁ-*⌈*A*⌉*-NI* x x x x [
11’ [ ] pé-e-h̯u-te-ez-zi nu-kán [
12’ [-]an-kán ⌈na⌉-an-kán *A-NA* ^{DINGIR}x[
13’ [me-]ma-⌈i⌉

---

[33] Bo 1433 Vs.$^{?}$ 15’ bei H.-S. Schuster, HHB I, p. 9, ist Fehlzitat.
[34] Vielleicht u̯]a-.

14’ [ ]x-ša-ši-i̯a ki-i̯a-x[

15’ [ ]- ⌜da⌝ -a-ni kiš-an BAL-i [

16’ [ ] ⌜šu-up-pa⌝ UZUḫu-i-ša-x[
17’ [ ]x šu-up-pa-i GIŠB[ANŠUR-i
18’ [ ]x-zi [ ]x[

Nummer 73 (Bo 1482)

CTH: 470
Datierung: jh. (?)[35]
Anschlüsse: -
Duplikate: -
Bearbeitung: M. Popko, Or 61 (1992), p. 471; Rs. 5(’)-7(’) A. Ünal, Ḫantitaššu, p. 55; Rs. 8(’) E. Neu, StBoT 5, p. 70; Rs. 14’ H.A. Hoffner, Al.Heth., p. 179; Rs. 17(’) E. Neu, StBoT 5, p. 188

Vs.?

x+1 [ ]x[

2’ [ ]- ⌜ša-an-zi⌝ [
3’ [ ]x NINDA.ÉRINMEŠ x[
4’ [ ]x ki-id- ⌜da⌝ -[
5’ [-a]n -zi [ ]

6’ [nu-]uš-ša-an ⌜uš⌝ -[
7’ [d]a-a-i na-x[

---

[35] S. Košak, Konkordanz (1.0), sub Bo 1482, datiert „mh.“, was auf Grundlage der Autographie nicht gestützt wird.

8’ [k]i-iš-ša-⸢an⸣ [

9’ [ ]x IX MA.NA [
10’ [^{NA_4}K]Á.DINGIR.RA [
11’ [ ]-⸢az⸣ GEŠTIN ḪÁD.D[U.A
12’ [ ]x da-a {Ras.} [-i]

13’ [ ]x[

Rs.$^{?}$

x+1 [ ]x[
2’ [ ]-⸢it⸣-m[a-
3’ [*I*]*Š-TU* x[
4’ [ ]x me-mi-⸢iš-ki⸣-i[z-zi

5’ [ ] MA.NA da-a nu-za K[Ù.BABBAR GUŠKIN da-a(?)]
6’ [ ]x IX MA.NA nu-za ^{NA_4}KÁ.⸢DINGIR⸣.R[A
7’ [MA.N]A da-a nu-za BAPPIR MUNU$_8$ *Š*[*A*

8’ [-]ḫu-u̯a-ar MU$^{HI.A}$ GÍD.DA pí-iš[-
9’ [-]ta-li-ša-aš-ši DÀRA-aš a-š[a-
10’ [ ]x-mar-kán-ta-li-ša túḫ-ša-x[

11’ [ ]x na-aš-ta ḫu-u-ma-a-an-pát *I-NA* [
12’ [NINDA.É]RIN^{MEŠ} da-a-i na-at an-da x[
13’ [ ]x-la-i ku-it-ta pa-r[a-a te-pu
14’ [ ]x pur-pu-re-eš iš-⸢na⸣-[aš
15’ [ ]x kar-ap-zi na[-

16’ [ ] ⌜a⌝-ra-aḫ-za-an-da [

17’ [ ] u̯a-ra-a-n[i

18’ [ ]x nu x[

Nummer 74 (Bo 1489)

CTH: 209
Datierung: jh. (spät)
Anschlüsse: -
Duplikate: -
Bearbeitung: -

Vs.

x+1 [ ] DÙ-nu-⌜un⌝ [ ]

2’ [ ]x-an ap-pa-an-⌜zi⌝ [

3’ [ ]x-pí nu-kán *ŠA* ŠEŠ-*I̯*[*A*

4’ [ ]x ma-a-an x-x[ku-u̯]a-pí

5’ [ku-u̯]a-pí *INA* ⌜URU$^{?}$⌝ ma-a-a[n

6’ [ ]x na-at iš-da[m-ma-aš-

7’ [ ] nu-ud-du-za na[-

8’ [ ]x-ti LÚ KUR ^{URU}I-⌜šu⌝-u̯[a

9’ [-]da u̯a-aš[-t]a-aš [ ]x-ša-an-za

10’ [ ]x ar-nu-ut[(-)

11’ [ ]-⌜nu-uš-ta⌝ [

12’ [-]x-ni x[

13’ [t]e-pu x[

14’ [ ]x pí-x[

15’ [ ]x x[

Rs.

x+1 [ ]x x[
2’ [a]n-da ⸢ú⸣-[
3’ [ ]x-da-at-⸢kán⸣
4’ [ ]x

5’ [ ]x-an še-er
6’ [ ]x x[ ]x-i̯a ḫar-ak-ta
7’ [ ]^{MEŠ} [E]GIR-an-da tar-ni-eš-ki-u-u̯a-a[n

8’ [ ] ⸢KASKAL⸣$^{\text{MEŠ LÚ.MEŠ}}$*ṬE*$_4$-*ME*-mu aš-šu-la-aš
9’ [ ]x-at ma-a-an kiš-an te-e-ši
10’ [ ]x-an *AŠ-RU*
11’ [ ] x x x x x [

Nummer 75 (Bo 1509)

CTH: 400
Datierung: jh.
Anschlüsse: + KUB 30.34
Duplikate: KUB 30.35 + KUB 39.104 + Bo 8334 (+) KBo 54.14; Bo 4690; KUB 39.102; KUB 39.103; 507/u; KBo 46.10[36] (+) 1066/u; KBo 54.15[37]
Bearbeitung: J. Siegelová, StBoT 14, p. 72; V. Haas/I. Wegner, OLZ 86 (1991), Sp. 172; Th. van den Hout, BiOr 51 (1994), Sp. 124; 2’-7’ B.-J. Collins, Diss., p. 228f.; 5’ N. Oettinger, Stammbildung, p. 435; V. Haas, Gesch.Relig., p. 156 Anm. 21; p. 910 Anm. 194

[36] Vgl. KUB 30.36 // FHL 115; KUB 30.33 // KBo 13.131; KBo 12.91.
[37] Bearbeitung für StBoT in Vorbereitung.

Rs. III

x+1 (= 16) nu-mu-⌜uš-ša⌝-an šu-me-eš-ša ḫa-ra-ap[-te-en]

2' (= 17) ú-e-te-na-an-te-e[š kiš-an da-ra-an-zi]

3' (= 18) le-e-et-ta ⌜na⌝-[a-ḫi ú-i-e-eš-ta ḫar-ap-pu-u-e-ni]

4' (= 19) BIL.ZA.ZA-at iš-ši-i[t da-a-i na-at]

5' (= 20) kat-ta pa-aš-zi ḫar[-zi-i̯a-al-la-aš-ša-at]

6' (= 21) ša-ap-pu-⌜it⌝ [da-a-i (?)]

7' (= 22) n[a?-a]t-kán BI[L.ZA.ZA ḫal-lu-u-u̯a-aš $A^{HI.A}$-aš pé-e-da-i]

8' (= 23) [ ]-⌜i̯a⌝-aš [I_7-at a-ru-ni pé-e-da-i

Nummer 76 (Bo 1514)

CTH: 744
Datierung: jh.
Anschlüsse: -
Duplikate: KUB 28.104; KBo 43.221; 581/v
Bearbeitung: M. Popko, Or 61 (1992), p. 471

Vs.

1 [LUGAL-uš MUNUS.LUGAL-ša a-]ša-an-da -aš [ ]

2 [III a-ku-u̯a -a]n -⌜zi⌝ [ ]

3 [^{URU}Kar-ta-pa-ḫa-aš] $^{⌜DINGIR⌝}$U̯a_a-a-ḫi-ši-in

4 [^{URU}Ša-lam-pa-aš ^{DINGIR}K]a-at-taḫ-ḫa-an

5 [^{URU}...-aš ^{DINGIR}U̯]a_a-a-ḫi-ši-in

6 [$^{LÚ.MEŠ}$ḫal-li-i̯a-ri-eš SÌ]R $^{⌜RU⌝}$

Rs.

x+1 [ ]x[

2' [ ]x pé-e-x[

3’ [ ] ti-an -z[i]

Nummer 77 (Bo 1523)

CTH: 670
Datierung: jh.
Anschlüsse: -
Duplikate: -
Bearbeitung: -

x+1 [-]zi [

2’ [-a]n-na ḫal-zi-i̯[a
3’ [ ]x-⸢na⸣ ša-⸢ma⸣-an-t[e-
4’ [ ]x-nu-u̯a-nu-an-⸢zi⸣ [
5’ [š]a-ša-an-nu-uš-kán ti-an[-zi
6’ [ ] DINGIRKur-ša-aš URUMi-⸢i⸣-x[

7’ [ ] ⸢I-*ŠU*⸣ x[

Nummer 78 (Bo 1538)

CTH: 470
Datierung: jh.
Anschlüsse: -
Duplikate: -
Bearbeitung: -

1 [ ]x-zi [
2 [ ] x x x-šar-na [

3 [ ]x-ti an-ni-eš-⸢kán⸣-z[i
4 [ki-iš-]ša-an me-mi-eš-kán-z[i
5 [ ]x-an GE$_6$-in [ ]
6 [ ]x-in ka-ru-ú [ ]
7 [ ] ki-nu-un-ma-u̯a-aš-ši-i̯a [
8 [ ]x nu-u̯a ŠU$^!$.SAR da-⸢a⸣-[
9 [k]ar-aš-še-er pa-r[a-a
10 [n]u-u̯a-kán ⸢an⸣-[
11 [ ]x x[

Nummer 79 (Bo 1559)

CTH: 470
Datierung: jh.
Anschlüsse: -
Duplikate: -
Bearbeitung: M. Popko, Or 61 (1992), p. 471

Vs.

1 [ ]x[ ]x-zi x-pu-x[
2 [ ] x x pí-x[ ] x x GIŠ-ru-x[
3 [ ]x ma-ni-i̯a-aḫ-ḫa-an-x[

---

4 [ ]x-zi nu na-ku-⸢uš⸣-x[
5 [ ]x *A-NA* MUŠEN-kán x
6 [ ] tar-na-an-zi
7 [ ]x-zi EGIR-*ŠU* x UR.GI$_7$-i ⸢ŠAḪ-i⸣
8 [ ]x-uš-ši-en tar-⸢na⸣-an-zi
9 [ ]x[ ]x-ma ku-ra-an-zi
10 [ ] ar-ḫa pé-tan$_x$-zi
11 [ ]x ^{É}kip-pí pé-tan$_x$-zi

12 [ ]x-zi
13 [ ]x

Nummer 80 (Bo 1435)

CTH: 470
Datierung: ah/mh.
Anschlüsse: -
Duplikate: -
Bearbeitung: Th. van den Hout, BiOr 51 (1994), Sp. 124

Vs.

x+1 [ ]x x[
2' [*QA-TAM-*]*MA*-pát e-eš-tu [ ]
3' [ ] e-eš-tu

4' [ ] ⌈e-eš⌉-tu da-an-du-ki-iš
5' [ANŠ]E.KUR.RA^MEŠ ta-me-tar-u̯a-an-za e-eš-⌈tu⌉

6' [uk-t]u-u-ri TI-an ḫar-kán-du

7' [DUM]U^MEŠ LUGAL pa-ra-a uk-tu-u-ri
8' [ ]x

9' [ḫal]-⌈ma⌉-aš-šu-it-ta-an ti-an-zi
10' [ ]x ⌈nam⌉-ma-at *ṬUP-PÍ* ZABAR
11' [ ]x-an ti-an -zi

12' [ ] a-ša-an-du ^URU^Ḫa-at-tu-ši
13' [-]eš-tu pár-ku pár-ku-pát e-eš-du

14’ [ ]x-ša e-eš-du

15’ [ ] ⌜e⌝-eš-tu da-an-du-ki-⌜iš⌝
16’ [ ]x-iš GEŠTIN-iš

Rs.

1 [-]⌜an⌝-za e-eš-⌜du⌝

---

2 [T]I-an ḫar-kán-du

---

3 [ ] pa-ra-a uk-tu-u-⌜ri⌝
4 [ ]

---

5 [ ]x-an ti-an-zi
6 [*Ṭ]UP-PÍ* ZABAR
7 [-a]n -zi

---

8 [ ]x ^{URU}Ḫa-at-tu-ši
9 [ ] ⌜e⌝-[eš-d]u
10 [ ]

---

11 [d]a-⌜an-du-ki⌝-iš
12 [t]a-me-tar-u̯a-an-za e-eš-tu

---

13 [ ]x ḫar-kán-du

---

14 [ ]x x[

Nummer 81 (Bo 1574)

CTH: 470
Datierung: jh.
Anschlüsse: -
Duplikate: -
Bearbeitung: S. Košak, ZA 84 (1994), p. 289; 2'-4' CHD *P* 64a; 4' F. Starke, StBoT 31, p. 257; 7'-10' CHD *P* 270a; Rs. 10' P. Cotticelli-Kurras, THeth 18, p. 150

x+1 [ ] ⸢^{DINGIR}UTU^{ŠI}-ma⸣ x[
2' [ ] x x-u̯a-aḫ-ḫa-an-za n[am-ma-u̯a(-)
3' [me-]ek-ki SIG$_5$-eš-ša-an nam[-ma-u̯a(-)
4' [m]e-ek-ki šal-la-i̯a :pal-ḫa-an[-za(?)
5' [ ]x *A-NA* ^{UZU}GABA {Ras.} ma-a-an še-x[
6' [ ] x{Ras.} x ka-ri-eš-ki-mi ma-⸢a⸣-[an
7' [ku-i-e-u̯a] ⸢im⸣-ma ú-nu-u̯a-aš-ḫu-uš ma[-a-an e-eš-ta]
8' [nu-u̯a-ra-at(?)] ar-ḫa ma-a-an pí-ip-pa-an n[u-u̯a-ra-at]
9' [ ] EGIR-pa ma-a-an SIG$_5$-aḫ-ḫi-ir [
10' [ar-ḫa ma-a-an pí-]ip-pa-an-te-eš e-⸢šir⸣ nu-u̯a-r[a-at
11' [ ]x$^{ḪI.A}$-uš ⸢e-šir⸣ GIM-an-ma-u̯[a-
12' [ ]x x *Ú-UL ŠA A-BI* ^{DINGIR}UTU^{Š}[^{I}
13' [-]in-⸢da⸣ nu-u̯a-ra-aš-⸢kán⸣ ar$^{!}$-ḫa [
14' [ ]x-kán an-da ne-i̯a-nu-un [

15' [ ] ^{m}Mi-dan-na-A.A-aš [
16' [ ]x-aš ^{m}Mi-dan-na[-A.A-aš
17' [ ] ⸢^{m}Mi⸣-[

Nummer 82 (Bo 1572)

CTH: 791
Datierung: jh.
Anschlüsse: -

Duplikate: -
Bearbeitung: S. Košak, ZA 84 (1994), p. 289

Vs.

1 [ ] DINGIR^{MEŠ}-na-a-ši :
2 [-ta]ḫ-šum-ma :
3 [ ]x : e-na
4 [ ] x x x x x
5 [ ] x x x x x
6 [ ]x-ar-na ar[-]x-pa-a-da

---

7 [ ]x-x-u̯a-an-za-aš x x [ ]x
8 [ ] : a-x x x x x x
9 [-]mi-in-ni x[ ]x-ḫa-at
10 [ ]x-ni-x ḫu-u-ul-x x-aš-⌜ša⌝-x[
11 [ ]x-x-nu-u̯a-a-ra-aš
12 [ ]x-in-na
13 [ ]-⌜i⌝-[

Nummer 83 (Bo 1611)

CTH: 212
Datierung: mh.
Anschlüsse: -
Duplikate: -
Bearbeitung: Th. van den Hout, BiOr 51 (1994), Sp. 124

Vs.

x+1 [ ]x
2’ [ ]x-lu-uš-⌜kán-ta⌝-r[i]
3’ [ ] x x x [ ]x-zi
4’ [ ]x-da-x[-]x-an-zi

5’ [ ]x[ ]
6’ [-i]š[-]x-šu
7’ [ ]x[ ]

Rs.

x+1 [ ]x[
2’ [-a]z ma-a-aḫ-⸢ḫa⸣-[an
3’ [ ] x x pád-da-a-an

4’ [-]ni nu-uš-ša-an ka-a-ša [
5’ [ ]x ša-ri-ku-u̯a-an
6’ [ ]x ⸢*TIM*⸣ ḫu-u-ma-a[n(-)
7’ [ ]
8’ [-]x-ri-it
9’ [ ]-⸢e⸣-da-ni
10’ [ku-i]š im-ma ku-iš
11’ [ ] ḫu-u-ma-an-te-eš
12’ [ ]-⸢a⸣-an-kán
13’ [ ]x

Nummer 84 (Bo 1612)

CTH: 470
Datierung: mh.
Anschlüsse: -
Duplikate: -
Bearbeitung: Th. van den Hout, BiOr 51 (1994), Sp. 124; Rs. 11’ G. Torri, StudAs 2, p. 177[38]

x+1 [ ]x x[ ] ⸢*A*⸣-*NA* [

---

[38] Siehe KUB 60, p. VI; an Hand des Originales ist von der Rs. des Stückes, die in KUB 60 nicht autographiert wurde, aber noch mehr zu lesen.

2’ [le]-⸢e⸣ ku-it-ki tar[-
3’ l[e]-⸢e⸣ ku-it-ki tar-n[a$^{?}$-

4’ [ma-a-a]n an-tu-uḫ-ša-aš i[-
5’ [u]d-da-a-ar EGIR-pa a-x[
6’ x[ ]x EGIR-pa a-pé-⸢e⸣ (-)[
7’ [ ]x e-eš-tu [ ]

8’ [ ]x ^{DINGIR}UTU-u-i ták-ku [
9’ [i]-⸢da⸣-a-lu me-mi[-an
10’ [ ]x[

Nummer 85 (Bo 1615)

CTH: 832
Datierung: jh. (spät)
Anschlüsse: -
Duplikate: -
Bearbeitung: -

Vs. lk.Kol.

x+1 [ ]x
2’ [ ]x

3’ [ ] x x x

4’ [ ]x-⸢at⸣

Vs. r.Kol.

---

x+1 II ME x III *LI-IM* ⌜ki⌝ ^{DINGIR}UTU^{Š}[^{I}
2' I ME x ⌜II⌝ *LI-IM* ki MUNUS.LUGAL [

Rs.

1 [ ]x ⌜ki⌝ [ ] [

---

2 [ ] x x-i-m[i]]
3 [ ] ⌜ki⌝ MUNUS.LUGAL

---

4 [-]ri-iš x x-aš
5 [ ] ⌜*IT*⌝-*TI* MUNUS.⌜LUGAL⌝

---

6 [ ]x x[ ]x tu-ka$_4$-x[
7 [ ] *IT-T*[*I* MU]NUS.L[UGA]L

---

8 [ ] x KASKAL x [
9 [ ]x[

Nummer 86 (Bo 1604)

CTH: 590
Datierung: jh.
Anschlüsse: -
Duplikate: -
Bearbeitung: -

Vs.

x+1 [ ]x[ ]x[

2' ⌈ki⌉ MUNUS.LUGAL x[ ]x x[

3' $^{⌈DINGIR⌉}$Ḫé-pát-kán ku-i[t] [

4' ⌈ka⌉-ru-ú-aš ku-⌈it⌉ x [ ]

5' nu-kán UN[-a]n ku-⌈it⌉ x[ ]x[

6' [ ]x-x-⌈kán É⌉.DINGIR^{LIM} x[

7' [ ]x ⌈É⌉.DINGIR^{LIM}[ ] na-a-u̯i$_5$ a-x[ ] *A*-⌈*NA*⌉ x[

8' MUNUS x x x a-pa-a-at EGIR-pa ú-it [

9' ki MUNUS.LUGAL GAL ku-it ⌈SIxSÁ-at⌉ GAM a-x[

10' te-ez-zi-i̯a-an-ta-aš an-ni-⌈eš$^?$⌉-x[

11' ⌈ku⌉-u̯a-at-u̯a-ra-at-mu *A-NA* x[

12' [ ]-⌈ki⌉-ši a-pád-⌈da⌉ še-⌈er⌉ [

13' [ ]x-kán ku-i[t(-)

14' [ ] ⌈te⌉-ez-z[i

15' [ ]x[

Nummer 87 (Bo 1633)

CTH: 450

Datierung: jh. (spät)

Anschlüsse: -

Duplikate: IBoT 4.23; KUB 39.51 Rs.$^?$

Bearbeitung: Th. van den Hout, BiOr 51 (1994), Sp. 124; M. Popko, Or 61 (1992), p. 471; A. Kassian & al., AOAT 288, p. 729-732; 6'-10' V. Haas, MMMH, p. 628.708

x+1 [-k]án-zi

2' [p]a-ra-a iš-pár-ra-an[-zi

3’ [-t]a$^{?}$-ri KASKAL-aš SUD-⸢u-u̯a⸣-aš-kán [
4’ [^{GIŠ}MA.SÁ.AB GAM-]ta da-a-i [
5’ [-z]i$^{?}$ SÍG SA$_5$ an-da iš-ḫ[i-i̯a-an-zi
6’ [ ]x pa-ra-a da-a-i nu ^{GIŠ}KU[N$_5$
7’ [... d]a-⸢a⸣-i ^{TÚG}ku-ri-iš-šar iš-pár-ri[-i̯a-az-zi
8’ [nu nam-ma (?)] kiš-an me-ma-i GIDIM-kán [ ]
9’ [*ŠUM*-an ḫal-za]-⸢a⸣-i ku-u-uš-u̯a-at-ta GI$^{\text{ḪI.A}}$ [ ]
10’ [ar-mi-iz-z]i a-ša-an-du nu GI$^{\text{ḪI.A}}$ ⸢^{GIŠ}⸣K[UN$_5$
11’ [...-li-in-ni-uš]x x ⸢$^{\text{MEŠ?}}$⸣ EGIR-an e-ḫu ša[-
12’ [ ] le-e-et-ta [
13’ [ ]x-la-am-ma-aš x[
14’ [ ] x x x x [

Nummer 88 (Bo 1687)

CTH: 832
Datierung: jh.
Anschlüsse: -
Duplikate: -
Bearbeitung: -

x+1 [ ]x[
2’ [ ]x ^{GIŠ}TUKUL-⸢*ŠU*⸣ [
3’ [ ] da-a[-

4’ [ ]x-aš-ta ma-a-an [
5’ [-]a-at-ta i-i[t-
6’ [-a]t-ti pa-a-an-⸢tu-ma⸣-k[án

Nummer 89 (Bo 1697)

CTH: 670
Datierung: jh.
Anschlüsse: -
Duplikate: -
Bearbeitung: -

x+1 [ ]x[ ]x šu-ú[-
2' ⸢ku-e-da⸣-aš ^{DUG}iš-nu-u-ra-aš$^{ḪI.A}$ [
3' *IŠ-TU* GA.KIN.AG ki-in-ga-a[n-
4' ku-e-da-ni *A-NA* XV *PA* ZÌ.DA x[
5' na-at-za GAL-i̯a-aš ^{GIŠ}ḫa-aš-š[a-
6' ḫi-e-ma-an-u̯a šu-ú-ni-⸢e⸣-[

7' [k]u-it-ma-an-na ZÌ.DA {Ras.} šu-un-x[
8' [ ]x-⸢uš⸣-kán-zi-i̯a ši-pa-an-za-k[án-zi
9' [ ]x ^{DINGIR}Ḫal-ki-in [

10' [ ]x NU.GÁL ku[-
11' [ ] ⸢*Ú*⸣-*UL* ú-u̯a-x[
12' [-i]š-ša-an [

Nummer 90 (Bo 1637)

CTH: 570
Datierung: jh.
Anschlüsse: -
Duplikate: -
Bearbeitung: S. Košak, ZA 84 (1994), p. 289

Vs.$^{?}$

x+1 [ ]x[

2’ [ ] x x šu[-
3’ [ ]x ZAG-aš n[e-

4’ [E]N$^{ḪI.A}$-⌈*KA*⌉ ku-it ta-⌈a⌉-[li-i̯a-
5’ n[u-m]u-za-kán ⌈kat⌉-ta ta-a-li-i̯[a-
6’ ZÍ ḫi-li$_8$ [

7’ nu x x [-]u̯a-ar-⌈ra⌉-za-ma nu [

8’ ma-a-an [-]x-⌈a⌉-i-pát x[
9’ ⌈zul⌉-kiš [

10’ x[

Rs.$^?$

---

x+1 ši-x[
2’ ka$^!$-x[
3’ x-ru[-

4’ nu-⌈kán⌉ [

Nummer 91 (Bo 1669)

CTH: 470
Datierung: jh.
Anschlüsse: -
Duplikate: -
Bearbeitung: -

x+1 [ ]x[
2’ [-]ši[-] ⌈ki⌉-i [

3’ [ ] $^{\text{LÚ.MEŠ}}$MUŠEN.DÙ ḫar-⸢kán⸣-z[i
4’ [-d]a-ni pé-e-di MUŠEN a-r[a-
5’ [-a]z-zi ŠÀ *Ú-NU-TE*^{MEŠ} k[i-
6’ [ ] x x ku-e TÚG$^{\text{ḪI.A}}$ ar[-
7’ [ ]x-da TÚG$^{\text{ḪI.A}}$ an-d[a
8’ [ ]x IZI ŠE-i̯a x[
9’ [ ]x i-i̯a-az [-zi
10’ [ ] $^{\text{⸢MEŠ⸣}}$-i̯a x[

11’ [ ] x x x [

Nummer 92 (Bo 1664)

CTH: 831
Datierung: jh.
Anschlüsse: -
Duplikate: - (vgl. KUB 35.153)
Bearbeitung: S. Košak, ZA 84 (1994), p. 289

x+1 [ ] ⸢a-ar⸣-r[a-
2’ [ ]x lu-lu-u[m-
3’ [-a]t-tar-lu-x[

4’ [-t]i za-al-l[a-
5’ [ ]x-ta ku-i[n
6’ [ ]x-ta [
7’ [ ](-) ⸢a-ku⸣-x[

Nummer 93 (Bo 1644)

CTH: 297
Datierung: jh. (spät)
Anschlüsse: -

Duplikate: -
Bearbeitung: S. Košak, ZA 84 (1994), p. 289; 2(’)-3(’) H. Ehelolf, ZA 43 (1936), p. 192

r.Kol.

x+1 [k]u-it ⸢kar-ša⸣-an-da-aš [
2’ [L]Ú^{MEŠ} É.DINGIR^{LIM} ÈN.TAR-u-e[n
3’ ⸢IZI⸣.GAR-u̯a *ŠA* ITU.III^{KAM} tar[-
4’ ŠU.GÁN^{SAR} *ŠA* ITU.I^{KAM} x[

5’ ZI[39] $^{ḪI.A}$-u̯a *INA* É.DU$_{10}$.ÚS.SA [

6’ *IŠ-TU* KUR ^{URU}Kum-man-ni-u̯a u[š-

7’ [k]i-i ku-it ḫar-kán *Ú-NU-T*[*UM*
8’ [ÈN.T]AR-u-en *UM-MA ŠU-NU-UM-M*[*A*
9’ [ar-ḫ]a ḫar-kán [

10’ [ ]x-pal ar-ḫa ḫ[ar-
11’ [ ]x ki-it-kar-š[a-
12’ [ ]x GAR.RA te-x[

Nummer 94 (Bo 1678)

CTH: 470
Datierung: jh.
Anschlüsse: -
Duplikate: -
Bearbeitung: -

x+1 [ ]x[

[39] Lesung mit S. Košak, ZA 84 (1994), p. 289, nach Photokollation.

2’ [ZAB]AR ú[-
3’ [ ] ki-iš-ša-a[n
4’ [ ]x i-i̯a-an-za [
5’ [ ]x an-da ap-pa-a[n-
6’ [ ]x SAG.DU^{MEŠ}-*ŠU-NU* GU[ŠKIN
7’ [-z]i-i̯a-kán *ŠA* I GÍN [
8’ [ ] ki-it-ta nu TÚG^{TUM} x [
9’ [^{TÚG}ka-lu-l]u-up-pa-an I TÚG x x [
10’ [ ]x[ ]x[
11’ [ ]x[
12’ [ ] [
13’ [ ]x x[
14’ [ ]x x[

Nummer 95 (Bo 1701)

CTH: 590
Datierung: jh.
Anschlüsse: -
Duplikate: -
Bearbeitung: M. Popko, Or 61 (1992), p. 471; V. Haas, Gesch.Relig., p. 306 Anm. 90

x+1 [ ]x[
2’ [ ]x x[
3’ [ ] *UL A-N*[*A*

4’ [ ] ⌜Ù^{TUM}⌝ MUNUS.LUGAL u-ti[-
5’ ^{DUG}pal-ḫ̮i ma-a-an ⌜ku⌝-x[
6’ nu-u̯a-aš-ma-aš-kán NINDA.GU[R_4.RA
7’ ^{DUG}iš-pa-an-du-uz-z[i(-)

8’ BAL-kán-zi ^{DINGIR}Kur-ša[-
9’ [n]a-aš-ši ^{DUG}ḫar-ši-i[a-
10’ ⌈nu⌉-u̯a me-mi-eš-ki-iz-z[i
11’ zi-ik-u̯a-kán ku-x[
12’ [š]a-an-na-pí-l[a-

Rd.

1 [ ] ⌈ú-nu-u̯a⌉-x[

Nummer 96 (Bo 1725)

CTH: 215
Datierung: jh.
Anschlüsse: -
Duplikate: -
Bearbeitung: -

Vs.

x+1 [ ] x x x [
2’ [-r]u kur-x[ ]x x[
3’ [ ]x[ ] e-eš-⌈ta⌉ [na]m-ma-u̯a x[
4’ [ ]x-al-tén nu[-u̯]a ki-nu-un x[

5’ [ ]x-za ar-ḫa ḫa-li-i̯a-x[
6’ [ ]x ni-ni-ku-u̯a-an-na-aš [
7’ [ ]x pa-a-i nu-u̯a-ra-⌈an⌉ [
8’ [ ]x i-i̯a-u-e-ni x[
9’ [ ]x am-mu-⌈uk⌉ x[
10’ [ ]x x[

Nummer 97 (Bo 1728)

CTH: 584
Datierung: jh.
Anschlüsse: + KUB 31.71
Duplikate: -
Bearbeitung: Th. van den Hout, BiOr 51 (1994), Sp. 124f.; id., AoF 21 (1994), p. 305-327; I 5' S. Alaura, Eothen 10, p. 26; 10' F. Imparati, FS Alp, p. 313 Anm. 45

Vs. I

x+1 *A-NA* x[ ]x x[
2' ke-e-ez[40]-zi-i̯[a .R]A$^{?\mathrm{MEŠ}}$ te-⸢eḫ̮-ḫ̮i⸣
3' ^{DINGIR}UTU$^{\check{S}I}$-ma-u̯a-kán ⸢a⸣-[u̯a-a]n ar-ḫ̮a
4' ú-u̯a-te-mi a-pa-a-⸢at⸣-ma ⸢*A*⸣-[*N*]*A* ⸢DINGIR⸣^{LIM} SUM-ḫ̮i

---

5' Ù MUNUS.LUGAL *I-NA* ^{URU}An-ku-u̯a ⸢*I*⸣-*MUR*
6' nu-u̯a ^{DINGIR}UTU$^{\check{S}I}$ ku-e-da-ni[-i]k-⸢ki⸣ pé-⸢di⸣
7' nu-u̯a-aš-ši ⸢EN⸣^{MEŠ} pé-ra-an ⸢LÚ⸣ *A-BU*-⸢*BI*⸣-*TUM*
8' GAL DUB.SAR^{MEŠ}.GIŠ ⸢nam⸣-ma-i̯a-u̯a-aš-ši
9' me-ek-ki *BE-LU*$^{\mathrm{HI.A}}$ pé-⸢ra⸣-[a]n ar-ta-ri
10' ^{m}Ma-ra-ša-an-ta-aš-⸢ša⸣-[u̯a (?)]
11' ^{LÚ}an-tu-u̯a-ša-al-l[i-i]š ar-ta-ri
12' nu-u̯a-ra-aš i-u̯a-ar LÚ [^{UR}]^{U}Ka-ra-an-⸢du⸣-ni-i̯a-aš
13' : ⸢ku⸣-un-du-ri-i̯a-i nam-ma-aš-ši
14' t[e]-⸢e⸣-da-nu-uš me-e[k-ki d]a-lu-ga-aš
15' [-š]i-i̯a-aš iš[-]x-na-aš a-ra-an-za
16' [ ]x-ra-x[ ]-⸢pí⸣ ku-it

Nummer 98 (Bo 1706)

CTH: 582

---

[40] Bei Th. van den Hout, AoF 21 (1994), p. 308, ist -ez- versehentlich ausgefallen.

Datierung: jh. (spät)
Anschlüsse: -
Duplikate: -
Bearbeitung: Rs. 8(= 7) E. Neu, StBoT 5, p. 62; Rs. 10 P. Cotticelli-Kurras, THeth 18, p. 146; Rs. 14(= 15) P. Cotticelli-Kurras, THeth 18, p. 145; Rs. 14(= 15) H. Otten, HTR, p. 125; Rs. 15(= 16) E. Neu, StBoT 5, p. 91; Rs. 17 E. Neu, StBoT 5, p. 154; Rs. 17 G. Beckman, StBoT 29, p. 196; Rs. 17'(= 15) E. Neu, Lok., p. 25; Rs. 19(= 17) N. Oettinger, Stammbildung, p. 288 Anm. 57

Vs.

x+1 [ ] x x[41]
2' [ ] ki-iš-ša-an-za
3' [-i̯]a- ⌜i⌝
4' [ ]x-x-ri
5' [-z]i-ku-ša
6' [ ]x
7' [-z]i
8' [ ]x
9' [ ]
10' [ ]
11' [ ] :an-na-ú-li-i̯a-aš
12' [ ]
13' [ ]

14' [-]iš ša-ni-iz-zi-iš
15' [ ]x x x u̯a-ar-ḫu-u̯a-i̯a
16' [pu-n]u-uš- ⌜šu-un⌝
17' [ ] ^{DINGIR}Ḫé-pát x x x-aš
18' [ ]x a-aš-ši-i̯a-an-za

[41] Auf der Rückseite als Fortsetzung einer nicht genau zuzuordnenden Zeile vor dem Einsetzen der Vs. steht noch]x x[ ].NITA-i̯a *UL* x[.

19’ [ ]x[a-a]š-ši-i̯a-an-za

20’ [ ]x-ši-i̯[a-]-⌜šu?⌝-x-x-an nam-ma EGIR-⌜*ŠÚ*⌝

21’ [ ] a-aš-ši-i̯[a- *U*]*M-MA ŠU-MA*

22’ [ ] ku-e-ez a-aš-⌜ši⌝-i̯a-an-za *UL*-u̯a ⌜te⌝-x[

23’ [ ]x-ša-an me-mi-iš-ki-iz-zi [ ]

24’ [ ]x-e-ša-an-ta-an INIM-an i-i̯a-⌜at⌝ nu-u̯a-x[

25’ [ ] x x x-pád-da-a-iš-ki-u-u̯a-an ti-⌜i⌝-e-er [ ]

26’ [ ]x-i̯a-nu-un nu-u̯a-aš-ši LUGAL⌜^{MEŠ} GAL⌝$^{\text{ḪI.A-}}$⌜$^{\textit{TIM}}$⌝ [

27’ [-]aš-kán x x x *IŠ-TU* x x x [ ] pa-r[a-

28’ [ ] x x x tu-e-el-u̯a e-u-u̯a-ar x x [

29’ [ ] x x ku-i-e-eš MUNUS.LUGAL$^{\text{ḪI.A}}$ ⌜e-še-er⌝ [ ][42]

Rs. [43]

---

6 [ ]x-x-pa-x ma-a-an [ ] x-ḫa-a-mi [

7 [ ] nu-u̯a a-pí-i̯a ma-a-an i-i̯a-aḫ-ḫa-r[i

8 [ ]x *UL* :pár-ta-⌜an⌝-ta :x-en-x-x[

9 [ ]x iš-pár-ra-an-za nu-u̯a-za *PA-NI* ZI-⌜*I̯A*⌝ [

10 [ ] ša-aš-ta-aš ⌜e⌝-ni-iš-ša-an iš-pár-ra-⌜an⌝-[za

11 [ ]x EGIR-an i-i̯a-an-ta-ri nu-u̯a kiš-an x[

12 [-i]š-kir MUNUS x[-]u̯a :?za-ar-ta-en-ni-i-iš x[

13 [-i]š DUMU-aš ⌜e⌝-eš-ta ma-an-u̯a-aš-ši ša-aš-ta-aš e-ni-iš-ša-a[n iš-]pár-⌜ra⌝-an-za

14 [ ]

---

15 [ ] še-⌜eš⌝-[z]i nu-u̯a-aš-ši ⌜EME^{MEŠ}⌝ UN-aš ⌜ki-it⌝-kar-za iš-⌜ḫu⌝-u-an-⌜te-es⌝

---

[42] Es folgen sechs Zeilen bis zum unteren Rand (kaum lesbar).

[43] Die ersten fünf Zeilen sind fast völlig abgerieben.

16 [ ] GIM-an-u̯a-za ki-iš-ḫa-ḫa-ri *UM-MA ŠU-MA* me-ek-ki-u̯a-aš-ši

17 [ ]x nu[-u̯]a-za-kán ku-u-⌈uš⌉ EME^{MEŠ} :šar-ḫi-i̯a-aḫ-ḫu-ut

---

18 [ ]x

Nummer 99 (Bo 1724)

CTH: 678
Datierung: jh. (spät)
Anschlüsse: -
Duplikate: KBo 16.81 I 5-10
Bearbeitung: S. Košak, ZA 84 (1994), p. 289

Vs. I

---

x+1 [I GU$_4$ III UDU$^{\text{ḪI.A}}$ II NINDA.GUR$_4$].⌈RA⌉ XX-iš I[II ^{NINDA}da]n$^{?}$-<na->aš

2’ [V ^{NINDA}ḫa-a-liš še-e]p-pí-ta-aš XX[-i]š

3’ [III ME ^{NINDA}ku-uk-ku-ul-la-] ŠÀ.BA I ME še-⌈ep⌉-pí-⌈ta-aš⌉

4’ [*Ù* ŠÀ L NINDA $^{\text{TU}_7}$Ì KAŠ] GAR.RA I ME ZÌ.DA DUR$_5$ ⌈ŠÀ L NINDA GA. KIN.AG GAR.RA⌉

5’ [L NINDA ŠE L NINDA ú-...] ⌈III⌉ NINDA ⌈*ŠU*⌉-*ŠI-IŠ* <III> ⌈DUG⌉ KAŠ

6’ [III DUG u̯a-al-ḫi ^{URU}Ka-aš-ta-ma] pa-a-⌈i⌉

7’ [III DUG GEŠTIN $^{LÚ.MEŠ}$...]-⸢i⸣

8’ [^{m}Ta-at-ta-aš LÚ ^{DINGIR}U -]ri-li [
9’ [KUR Ḫa-ḫar-u̯a]x x[
10’ [ ]x x[ ] x x

Vs. II

x+1 x[
2’ tu-⸢uk⸣ [
3’ IM ^{DINGIR}UTU x[
4’ a-aš-ša-u-uš [
5’ ⸢tu⸣-uk [

6’ ^{DINGIR}Ḫal-ki-iš x[
7’ e-ḫu ^{DINGIR}U ^{U}[^{RU}
8’ ^{DINGIR}U ^{URU}Te-x[[44]
9’ x-pár-aš III ši[-
10’ [.]MAḪ-aš ZAG[-

Nummer 100 (Bo 1731)

CTH: 579
Datierung: jh. (spät)
Anschlüsse: -
Duplikate: -
Bearbeitung: Th. van den Hout, DMOA 25, p. 13; Vs. 3(’).10(’).13(’)R. Lebrun, StBoT 45, p. 328

Vs.

x+1 [ ]x[
2’ [ ]x[t]a ki ⸢GÙB⸣-za ⸢RA⸣ $^{\textit{IṢ!}}$

---

[44] So mit S. Košak, ZA 84 (1994), p. 289, nach Photokollation.

3’ *A-NA* ^{DINGIR}Za-u̯a-al-li-i ^{URU}⌈Ú⌉-[ri-ki-na-]ma [
4’ [m]aš-kán za-an-ki-la-tar-⌈ra⌉ SUM-an-na [ ] x x x [
5’ nu *A-NA* DINGIR$^{\text{\textit{LIM}}}$ maš-kán II UDU za-an-ki-⌈la⌉-tar-⌈ra⌉ [
6’ [BA]L-an-zi ka-⌈ru⌉-ú I ⌈SISKUR⌉ x-⌈an⌉-tal-zi-i[n
7’ ^{LÚ}SAG u-i-e-er [ ]

8’ ^{DINGIR}UTU$^{\text{\textit{ŠI}}}$-i̯a-za še-ek-kán-ta-⌈za⌉ *UL* ⌈še⌉-e[k-
9’ *IŠ-TU* EME ar-ḫa a-ni-i̯a-zi nam-ma [
10’ *A-NA* ^{DINGIR}Za-u̯a-al-li-i ^{URU}Ú-ri-⌈ki⌉-na [
11’ za-an-⌈ki-la-tar-ra⌉ BAL-an-ti x-x[
12’ IX UDU BAL-⌈an-ti⌉ ku-⌈it⌉-ma-an-kán II [
13’ ^{DINGIR}Za-u̯a-al-li-iš ^{URU}U-ri-ki-na-ma x[
14’ Ù-it x x x x-⌈ti⌉-u̯a-kán ⌈Ù⌉ [
15’ nu-u̯a-mu I GU_4 I [ ]x-ik nu [
16’ ku-⌈it⌉ :x x x x x [ ]x[
17’ nu-kán a-pád-da-an še-er za-an-⌈ki-la⌉-tar [
18’ [-]i GIM-an-ma ^{DINGIR}UTU$^{\text{\textit{ŠI}}}$ ^{URU}Ú-ri-k[i-na
19’ [ ]x-an x[ ]x-⌈la-at⌉-ta-aš x[
20’ [ ]x ^{MUNUS}ENSI [

Nummer 101 (Bo 1741)

CTH: 212
Datierung: jh.(?)[45]
Anschlüsse: -
Duplikate: -
Bearbeitung: -

---

[45] Wegen des Fehlens aussagekräftiger Zeichenformen ist eine sichere Datierung nicht zu geben.

Vs.

---

x+1 *MA-MIT* [
2' *MA-MIT* [
3' *MA-MIT* ^{m}[

4' *MA*$^{!}$-*MIT*$^{!}$ ^{m}x[

5' *MA-MIT* DUMU.NITA [

6' *MA-MIT* ^{m}Pí[-
7' *MA-MIT* ^{m}x[
8' *MA-MIT* ^{m}Pí|-
9' *MA-MIT* ^{LÚ}x[
10' ⌜*MA-MIT*⌝ ^{LÚ}x[

11' [*M*]*A-MIT* ^{MUNUS}x[
12' ud-du-x[
13' ⌜lu-ú⌝-[
14' ḫu-u[-

15' ⌜*MA*⌝-*MIT* ^{DINGIR}UTU[
16' [ ] ^{DINGIR}UTU[
17' [ ] [
18' [ ]x[

Nummer 102 (Bo 1747)

CTH: 237
Datierung: jh. (spät)
Anschlüsse: -
Duplikate: -

Bearbeitung: Th. van den Hout, BiOr 51 (1994), Sp. 125; Th. van den Hout, AoF 21 (1994), p. 321.323; Rs. 5'(= 4')ff. H. Otten, BT, p. 44; 8(= 7'). 9(= 8') F. Imparati, FS Alp (1992), p. 313 Anm. 45

x+1 [ ]x[ ] I LÚ I MUNUS I t[a$^{?}$-

2' [ ]x-x-⸢ra⸣ u-x-x-x-ni-eš [

3' [ ]x x x [

4' [ ]x x ^{m}UR.MAḪ-⸢ZA-iš LÚ⸣ x[

5' [ ]x.GAB ^{m}Up-pa-ak-ki-l[i$^{?}$-iš

6' [ ] ^{m}⸢^{DINGIR}⸣U-aš [

7' [-m]a *A-NA* ^{m}Ma-ra-aš-ša-an-t[a

8' [ ] ^{m}A-la$^{!}$-li-mi-iš UGULA *L[I-IM*

9' [^{m}Ḫi-]iš-ni-i-iš [

Nummer 103 (Bo 1750)

CTH: 297
Datierung: jh. (spät)
Anschlüsse: (+) KUB 40.91 (+) KUB 40.87 (+)$^{?}$ KBo 31.44
Duplikate: -
Bearbeitung: N. Tani, Eothen 11, p. 827ff.

x+1 [t]i-i-e[-

2' [-n]a-aš-ki GU$_{4}$-at ⸢a$^{?}$⸣-[

3’ [ ]$^{\text{m.DINGIR}}$*SÎN*-ti-aš ^{m}III-aš[-ša-pí

4’ [ ] ŠEŠ ^{DINGIR}UTU^{ŠI} ku-u̯a-pí [
5’ [ ] nu-u̯a-kán *IŠ-TU* ki-x[
6’ [ ] ⌈ar⌉-ḫa ME-un nu-u̯a-ra[-at
7’ [n]a-at *A-NA* ^{m}Ku-ni-i̯a-S[UM
8’ [ ]x-⌈aš⌉-ši-it-te-uš-x x[

9’ [ ]x[

Nummer 104 (Bo 1752)

CTH: 209
Datierung: jh. (spät)
Anschlüsse: -
Duplikate:
Bearbeitung: Th. van den Hout, BiOr 51 (1994), Sp. 125

x+1 [ ]x[
2’ [ ] nu e-e[š-
3’ [-a]n-za DUMU^{R}[^{I}-*I̯A*

4’ [kiš-š]a-an-mu k[u$^{?}$-it
5’ ⌈ku-it⌉ pí-i̯a-⌈an⌉ (-)[
6’ ku-u̯a-at *TÀŠ-P*[*UR*
7’ ⌈ḫar⌉-pa-aḫ-ḫu-ša[-
8’ $^{\text{LÚ.MEŠ}}$GAL x[
9’ i-i̯a-an-t[a(-)
10’ [LUG]AL-uš ki[-
11’ X-*ŠU* ḫa-a[t-
12’ up-pa-aḫ-ḫu[-un

Nummer 105 (Bo 1755)

CTH: 562
Datierung: jh.
Anschlüsse: -
Duplikate: -
Bearbeitung: Th. van den Hout, BiOr 51 (1994), Sp. 125; V. Haas/I. Wegner, OLZ 86 (1991), Sp. 172; H. Otten, Puduḫepa, p. 13 Anm. 20; V. Haas, Gesch.Relig., p. 697 Anm. 8; p. 740 Anm. 191

Vs.

1 [ ]x ^{DINGIR}UTU$^{\check{S}I}$ x x [
2 na-an ÉRIN$^{\mathrm{ME\check{S}}}$ a-ša-du-la-az [
3 nu LÚ$^{\mathrm{ME\check{S}}}$ ^{URU}Pí-x-šu-⌜li⌝-x[
4 ^{URU}Šu-ḫu-pu-⌜ru⌝-uš-ša-an [
5 nu ^{DINGIR}UTU$^{\check{S}I}$ EGIR-pa ar-ḫa x[
6 nu-za *A-NA* ^{DINGIR}*IŠTAR* ^{URU}La-u̯a-za-an[-ti-i̯a
7 ^{DINGIR}*IŠTAR* ⌜$^{\mathrm{URU?}}$⌝ [ ]x-za DÙ-zi pár-ra[-
8 ma-a-an-za ⌜EZEN$_4$⌝ pu-ru-li-i̯a-aš [
9 [ḫ]u-u-da-a[46]-ak pa-iz-zi KASKAL ^{URU}N[e-ri-ik
10 [ ]x x[ ]x x[ ]x

Rs.

x+1 ^{DINGIR}*IŠTAR* ^{URU}⌜La⌝-[u̯a-za-an-ti-i̯a
2' ma-a-an-za EZEN$_4$ ⌜pu⌝-[ru-li-i̯a-aš
3' ḫu-u-da-a-ak pa-iz-⌜zi⌝ [
4' me-ḫu-ni pa-iz-zi [
5' ⌜ku⌝-u-un x x [
6' ⌜EGIR⌝-ma NU.SIG$_5$-du [

[46] Bei V. Haas/I. Wegner, OLZ 86 (1991), Sp. 172, ist -a- versehentlich ausgefallen.

Nummer 106 (Bo 1766)

CTH: 670
Datierung: jh. (spät)
Anschlüsse: -
Duplikate: -
Bearbeitung: -

x+1 [ ]x[
2' [ ]x-zi [

3' [n]a-aš EGIR-pa a-še-⌜šu⌝-[
4' [-]ta -ri [ ]

5' [ ] *A-NA* $^{HUR.SAG}$Da-a-ḫa [
6' [ ]x [

7' [ ]x x[ ] x x x x x [

8' [ ]x $^{LÚ.MEŠ}$⌜NAGAR⌝ x[
9' [-]zi ša-an[-

Nummer 107 (Bo 1779)

CTH: 470
Datierung: jh.
Anschlüsse: -
Duplikate: -
Bearbeitung: -

x+1 [ ]x[
2' [-a]š ḫa-aš-ša-an [(-)
3' [ ]x ḫa-an-da-a [-

4’ [^{G}]^{I}kur-ta-a-li ŠÀ.BA I^{EN} [
5’ [n]u-uš-ša-an *A-NA* I ^{GI}kur-t[a-a-li
6’ *A-NA* I ^{GI}kur-ta-a-li-ma-aš-s[a-an
7’ še-er ⌜ki-it⌝ -[ta-ri]

8’ nam-ma-aš-ša-an I-e-da-ni [
9’ I-e-da-ni-ma-aš-ša-an ⌜kur⌝ -x[

10’ [ ]x-pal-za-a[n
11’ [^{T}]^{IM} [

Nummer 108 (Bo 1782)

CTH: 530
Datierung: jh. (spät)
Anschlüsse: -
Duplikate: -
Bearbeitung: 4(’) E. Neu, StBoT 5, p. 47

x+1 [ ]x x[
2’ [G]A.KIN.AG [ ]
3’ [ ]x-e-eš-šar VII ^{GIŠ}PAN
4’ [ ]x III ^{KUŠ}ḫa-ap-pu-ut-ri
5’ [ ]x -aš

6’ [*Ú*]*-NU-UT* ZABAR
7’ [MU]N$^{?}$-i̯a ME-ir
8’ [ ]x

Nummer 109 (Bo 1772)

CTH: 370

Datierung: jh.
Anschlüsse: -
Duplikate: -
Bearbeitung: Vs. 6'-8' Y. Cohen, THeth 24, p. 174

Vs.

x+1 [ ]x x[ ]x x[ ]x[
2' [ ]x ar-ḫa i-i̯a-at-ta-⌜ri⌝
3' [ ]x *Ú-UL* a-uš -zi
4' [-i]k pa-⌜it⌝ nu-u̯a-ra-aš-za-kán
5' [ ] x x-ša-⌜at a⌝-pa-a-aš-ma-u̯a-aš-ši {Ras.} pé-r[a-an
6' [ ]x-⌜iš⌝ me-mi-iš-ki-iz-zi
7' [ ] kar-⌜tim⌝-mi-i̯a-nu-u̯a-an ⌜ḫar-ti⌝
8' [ ] ⌜NA₄?⌝ x x a-a-ra i-i̯a-zi
9' [ ] x x x x-kán ke!-e-ez-za ⌜ḫar-ti⌝
10' [ ] x x-⌜at⌝-ti nu-u̯a x x x x-ši
11' [ ]x-ma-u̯a zi -ik-pát

u.Rd.

12' [ ]x[ ]-⌜a/e-eš⌝ nu-u̯a ku-it-ma-an
13' [-]an-zi nu-u̯a-⌜ra-aš⌝
14' [ ]x-kán ku-u̯a-pí BAL-at-ti
15' [n]a-aš-kán x ⌜tu⌝-el x x

Rs.

16' [-]kán-du ku-it-ma-an-⌜ma⌝-u̯a-⌜kán⌝
17' [ ] ar-ḫa-ḫa-ri
18' [ ] DUMU^MEŠ LUGAL ŠÀ KUR! Ḫur!-ri ⌜ar⌝-ta-ri
19' [ ] a-ra-a-an-te-eš {Ras.}
20' [ ] an-da uš-kán-zi
21' [ ] me-mi-iš-ta a-ši-u̯a-za UN^MEŠ-tar

22’ [ ]x-x ḪUL-lu ták-k[i-iš-]zi
23’ [n]a-an e-eš-ša-i x x

24’ [ ] x x-en ^{NA_4}ZI.⌈KIN⌉
25’ [ ] pé-e-da-x x[
26’ [ ]x[

Nummer 110 (Bo 1884)

CTH: 670
Datierung: jh.
Anschlüsse: -
Duplikate: -
Bearbeitung: Vs. 6’ (= 5’) C. Rüster, FS Otten^{2}, p. 299

Vs.

x+1 [ ]x-⌈iš⌉ [
2’ [-]ku-up-ni-x[
3’ [GEŠ]TIN ḪÁD.DU.A I ^{G}[^{IŠ}
4’ [ ]x ^{GIŠ}PÈŠ up-pa-⌈an⌉-[

5’ [-]a-an $^{LÚ.MEŠ}$IGI.DÙ.A-ma [
6’ [ ]x-pa-aš-pa-šu II ^{GIŠ}zi-x[
7’ [ ]x-ud-du-un-ni-uš II aš-tar-x[

8’ [ ]-⌈a⌉-an ⌈na⌉-x x x-ru(-) ⌈up⌉-pí-i̯[a-
9’ [ ]x[

Nummer 111 (Bo 1890)

CTH: 832
Datierung: jh.
Anschlüsse: -
Duplikate: -

Bearbeitung: 4’ F. Pecchioli Daddi, FS Alp, p. 108

x+1 [ ]x-ma-li-i̯a [
2’ [-]ḫi-ḫi KASKAL-aḫ-zi [

3’ [-]an-zu-u̯a-an-zi [

4’ [$^{\text{DIN}]\text{GIR}}$Ti-ti-ú-ti [
5’ [ ]x É ^{LÚ}MUḪALDIM š[u-

6’ [ ] ^{DINGIR}DAG-ti x[
7’ [n]u *ŠA* ⌈É⌉ [

8’ [ ]x MUNUS [

Nummer 112 (Bo 1793)

CTH: 241
Datierung: jh. (spät)
Anschlüsse: -
Duplikate: -
Bearbeitung: S. Košak, ZA 84 (1994), p. 289; Th. van den Hout, Eothen 11, p. 874 Anm. 61; Rs. 5’-12’ Y. Cohen, THeth 24, p. 170

Vs.

x+1 [-]šu[-]x [
2’ ŠÀ ⌈GI⌉ PISAN x[
3’ i-i̯a-at-na-aš [
4’ *ŠA* KASKAL^{NI} [

5’ i-⌈na⌉-na-x x[

6’ ⌜ú⌝-x[

Rs.

x+1 [ ]x[

2’ [ ]x tar-x[

3’ [S]ÍG ZA[.GÌN

4’ [-]ti-aš[-

5’ [ ] ⌜f⌝Ḫé-en-ti-i [

6’ a-da-an-n[a!] *UL* a[-a-ra

7’ na-at az-⌜zi⌝-ki[-iz-zi

8’ DUMU.MUNUS ku-it ⌜*A-NA*⌝ [

9’ nu-uš-ši ik-⌜ki⌝-x[

10’ ⌜EGIR-*ŠU*⌝ ḫu-u-it[-ti-i̯a-

11’ [ ] x x x [

12’ [ku-i]t-ki [

lk.Rd.

x+1 [ ] ⌜É⌝.GAL URU ⌜Ḫu-piš⌝-[na

2’ [ ] DUMU.MUNUS fMu-uš-na ⌜SÍG⌝ x[

3’ [ ]x mMa-ri-an-ni kán-x[

Nummer 113 (Bo 1891)

CTH: 414
Datierung: jh.
Anschlüsse: -

Duplikate: KUB 29.1 IV 9ff.; KUB 29.3 (+)? Bo 6124; KUB 29.2; HT 38; Gießen; KUB 52.94; KUB 51.56; KUB 55.50; Bo 3417; Bo 5621; Bo 3612; Bo 7455

Bearbeitung: Th. van den Hout, BiOr 51 (1994), Sp. 125; 2(')-3(') G. Torri, StudAs 2, p. 88; 4'-6' G. Torri, StudAs 2, p. 89; D. Groddek, DBH 4, p. 89; D. Groddek, DBH 15, p. 90

x+1 [ ] x x x x[

2' [ma-aḫ-ḫa-an ar]- ⌜li⌝ -ip a-r[a-an-ta-ri LUGAL-ša ud-da-a-ar]

3' [*QA-TAM-MA* ar-l]i-pa(-)an-da [ar-ta-ru]

4' [nu GIŠGEŠTI]N-aš ma-aḫ-la-an ti[-an-zi KI.MIN GIŠGEŠTIN-u̯a ma-aḫ-ḫa-an]

5' [kat-ta šu-ú]r-ku-uš ša-ra<-a->ma[-u̯a ma-aḫ-lu-uš ši-i-i̯a-iz-zi LUGAL-ša]

6' [MUNUS.LUGAL-š]a kat-ta šu-úr!47-ku[-uš kat-ta-ma ma-aḫ-lu-uš ši-i-i̯a-an-du]

7' [nu GIŠe-i̯a-a]n ti-an-zi nu ⌜ki-iš⌝ -[ša-an

8' [ ]x-i̯a-x[

Nummer 114 (Bo 1786)

CTH: 744

Datierung: jh.

Anschlüsse: -

Duplikate: -

Bearbeitung: O. Soysal, ArchAn 4 (2000), p. 189-191; O. Soysal, Eothen 11, p. 765-767; 1'.6' HEG III 211; 2' F. Pecchioli Daddi, SMEA 36 (1995), p. 94

---

47 UR! bei G. Torri, StudAs 2, p. 89, ist nicht nachzuvollziehen, ebenso in 5' am Bruche.

x+1 [-]kán tar-pa-an-ni-iš NU.TU[KU]

2’ [š]a-a-i-ú li-ig-ga-ra u̯a-ar-pa-an-na [

3’ [-a]z-zi-im la-a-šu [ ]

4’ [ ]x ^{URU}Pa-an-da-ba-aš-ḫa [ ]

5’ [^{U}]^{RU}Pí-it-ḫu-ni ta-pa-a-ša-an [ ]

6’ [ ]x-x-pí ⸢a$^{?}$-ša⸣-mi-iš

7’ [ ]x-aš-ša

8’ [ ]

Nummer 115 (Bo 1894)

CTH: 330

Datierung: jh. (früh)

Anschlüsse: -

Duplikate: KBo 15.32 + KBo 38. 251 (+) KBo 21.57 (+) KBo 40.129; KBo 38.224; KBo 40.145; KBo 9.109 + KBo 14.86 + KUB 33.17 (+) KUB 33.65; KUB 32.138; KBo 34.37; KBo 21.59; KBo 38.158; Bo 6472; KUB 33.62; KBo 21.60 + KUB 33.64; KBo 15.34 + KBo 21.58 (+) KBo 38.161; KUB 12.19; KBo 21.63 + KBo 31.75; Bo 6575; KBo 34.35; KBo 38.156; KBo 15.31 + KBo 40.160; KBo 38.157; KBo 15.38; KBo 38.160; KBo 31.115; Bo 6490; KUB 51.22

Bearbeitung: V. Haas/I. Wegner, OLZ 86 (1991), Sp. 172; J. Glocker, Eothen 6, p. 16.24-25; D. Groddek, DBH 15, p. 33; D. Groddek, AoF 28 (2001), p. 236f. (Nr. 111)

x+1 [^{DUG}pa-aḫ-ḫ]u-na-⸢al-li⸣-m[a

2’ [nu-uš-ša-an] ⸢*A*⸣-*NA* KASKAL$^{\text{MEŠ-}\textit{TIM}}$ *Š*[*A*

3’ [*IŠ-TU* NINDA.ÉRIN^{MEŠ}-ká]n kat-ta ^{TÚG}ku-re-eš[-šar ḫu-it-ti-

i̯a-zi]
4’ [nu ki-iš-ša-a]n$^{!}$ me-ma-i ^{DINGIR}U ^{URU}Ku-ú-l[i-u-iš-na]
5’ [i-i̯a-an-n]i-i̯a-aš ^{TÚG}ku-ri-iš-na-aš KASKAL[-ši nu-ut-ta nam-ma]
6’ [GÌR^{MEŠ}-*KA* ḫa-a]ḫ-ḫal-la ⌈*Ù*⌉ ^{NA_4}pa-aš-ši[-li-iš le-e ta-me-iš-kán-zi]
7’ [GÌR^{ME}]^{Š}-da<-aš> kat-ta mi-⌈ú e⌉-[eš-tu]

Nummer 116 (Bo 1836)

CTH: 470
Datierung: jh.
Anschlüsse: -
Duplikate: -
Bearbeitung: Th. van den Hout, BiOr 51 (1994), Sp. 125

x+1 [ ]x[ ]x x[
2’ [ ]x-a-tar-na-an-x x x x [
3’ [ ]x-ḫa DINGIR^{MEŠ} la-ap-pa[-

4’ [-]an iš-pa-an-ta-az x[
5’ [-]ta-ma na-aš-ta ÉRIN^{MEŠ} x[
6’ [še]-⌈e⌉-ḫu-ra-u-u̯a-an-zi nu u[p-
7’ [-]i̯a-an-zi nu ki-iš-ša[-an
8’ [-]za-kán $^{⌈DUG⌉}$mar-ša-an-x[
9’ [ ]x na-aš me-mi-i̯a-x[

10’ [-r]a-a ú-u̯a-an[-zi
11’ [š]e-e-ḫu-u̯a-a[r-
12’ [ ]x-an-du i-da-a-x[
13’ [ ]x še-⌈e⌉-[ḫu-

Nummer 117 (Bo 1856)

CTH: 530
Datierung: jh.
Anschlüsse: -
Duplikate: 473/z r. Kol. 18'-34' (vgl. KUB 50.35; Bo 5056)
Bearbeitung: S. Košak, ZA 84 (1994), p. 289f.

x+1 [$^{\text{ḪUR.SAG}}$Pí-ir-pí-ir-]ra-an-za *Š[A* ^{GIŠ}ZAG.GAR.RA i-i̯a-mi]

2' [nu LUGAL-uš GIM-a]n *I-NA* ^{URU}[Pa-la-a a-ri]

3' [nu *A-NA* $^{\text{ḪUR.SAG}}$P]í-ir-pí-r[i SISKUR IGI-zi pal-ši]

4' [a-pí-i̯a-i̯]a *QA-TAM-MA* pa[-a-i ki-nu-na *A-NA*]

5' [SISKUR ITU-m]i MÁŠ.GAL I UDU x[

6' [*A-NA* ^{DINGIR}K]u-iš-ḫa-DINGIR$^{\textit{LIM}}$-ma $^{\text{NA}_4}$ZI.KIN[48] [AN.BAR DÙ-mi

7' [^{GIŠ}ZAG.GAR.RA-n]i ta-ni-nu-u̯a-an-zi URU-an [a-

8' [INIM <^{DINGIR}>*IŠTAR* MUNUS.LUGA]L *ŠA* ^{DINGIR}*IŠTAR*[49] ^{URU}I-⌜la-li-im-ma⌝ a[50][-

9' [^{URU}Ḫa-a]k-piš-u̯a me-mi nu-u̯a-mu É^{MEŠ} DINGIR^{MEŠ} DÙ[-at-ma

10' [kat-ti-] NA$_4$ ŠÀ É.DINGIR$^{\textit{LIM}}$ ^{DINGIR}U.⌜GUR⌝ ^{DINGIR}⌜*É*⌝-*A*[51] ^{DINGIR}⌜*DAM-KI*⌝-[*NA-i̯a*]

11' [INIM <^{DINGIR}>*IŠTAR* ^{DINGIR}Nu-pa-]ti-ik ^{URU}Ḫa-aš-pí-nu-u̯a [ ]

12' [A.ŠÀ A.GAR-ma-u̯a-kán ar-ḫ]a da-an-zi [ ]

---

[48] Lesung der vier vorangehenden Zeichen mit S. Košak, ZA 84 (1994), p. 290 nach Photokollation.

[49] Lesung mit S. Košak, ZA 84 (1994), p. 290, nach Photokollation.

[50] Lesung mit S. Košak, ZA 94 (1994), p. 290, nach Photokollation.

[51] Lesung mit S. Košak, ZA 84 (1994), p. 290, nach Photokollation.

13’ [INIM <^{DINGIR}>*IŠTAR* ^{DINGIR}LAMMA KARAŠ] ŠÀ-⸢ta⸣
ši-i̯a-an-na [ ]

14’ [INIM <^{DINGIR}>*IŠTAR* $^{\text{m.DINGIR}}$LAMMA-SUM ^{DINGIR}*SÎN*]
KA-PU-Ú ^{DINGIR}*SÎN*[52] ḫi-li-eš-ḫi-m[a

15’(!) [*Ú-UL* iš-ḫar-nu-ma-an-za]

16’ [INIM ^{DINGIR}U AN^{E} *IK-RI-BI*$^{\text{ḪI.A}}$ DUMU.NI]TA an-⸢na⸣-
az ku-e x[

17’ [É[53]^{MEŠ}.DINGIR^{MEŠ} *INA* ^{URU}Aš-pí-nu-u̯a i-i̯]a-u-u̯a-aš
^{DINGIR}U ^{URU}Zi[-

18’ [ ]$^{\text{ḪI.A}}$ x x-a-an[-

19’ [ ] x x x [

20’ [ ]x[

Nummer 118 (Bo 1966)

CTH: 590
Datierung: jh.
Anschlüsse: + KUB 56.25
Duplikate: -
Bearbeitung: Th. van den Hout, BiOr 51 (1994), Sp. 125f.; V. Haas/I. Wegner, OLZ 86 (1991), Sp. 172; Th. van den Hout, DMOA 25, p. 38; H. Otten, Puduḫepa, p. 13 Anm. 20; 9’-13’ R. Lebrun, FS Laroche, p. 202 Anm. 23; 9’.13’ H. Otten, Puduḫepa, p. 13 Anm. 22; 15’.18’ H.A. Hoffner, FS Otten, p. 111/112; V. Haas, Gesch.Relig., p. 356 Anm. 302

Rs. IV

x+1 (= 2’) [ ]x-an nu-za-kán

---

[52] Lesung mit S. Košak, ZA 84 (1994), p. 290, nach Photokollation.
[53] É ist bei S. Košak, ZA 84 (1994), p. 290, versehentlich ausgefallen.

MUNUS. LUGAL *A-NA* ⌜^{DINGIR}⌝ x x x ⌜^{URU}⌝ A-ru-uš-na

2' (= 3') [kiš-an *IK-RU-UB* ma-]a-an-u̯a-mu EN-*I̯A* TI-nu-ši

3' (= 4') [-ḫ̮]i-it-ti ANŠE *A-NA* ^{DINGIR}UTU^{ŠI} a-u̯a-an ar-ḫ̮a

4' (= 5') [ ] pa-iz-zi nu *A-*⌜*NA*⌝ EN-*I̯A* an-da tu-u-ri-i̯a-an KÙ.BABBAR

5' (= 6') [ ] NU.GÁL *I-NA* ⌜^{URU}A⌝-[ru-u]š-na pí-iḫ̮-ḫ̮i

6' (= 7') [G]AM-an I GU$_4$ VIII UDU-i̯[a pí-iḫ̮-]ḫ̮i {Ras.}

7' (= 8') [ma-a-]an-ma-aš ḫ̮a-ad-du-la-t[ar] *ŠA* KASKAL^{NI} ke-e-da-ni-pát INIM-ni še-er

8' (= 9') [-]e {Ras.} SUM-ḫ̮i [ ]

9' (= 10') [^{DINGIR}*IŠ*]*TAR* ^{URU}⌜La⌝-u̯a-za-an-ti-i̯[a ke-e-d]a-ni-pát INIM-ni še-er

10' (= 11') [GUŠ]KIN I MA.NA I ^{GIŠ}GIGIR x[ ]x-⌜i̯a⌝-an KÙ.BABBAR

11' (= 12') [ ] NU.GÁL {Ras.} I GU$_4$ VIII UDU-i̯a x[ ] ^{URU}La-u̯a-za-an-ti-i̯a

12' (= 13') [ ] {Ras.} pé-di-ši [pí-iḫ̮-]ḫ̮i

13' (= 14') [ ]x-mu-za DINGIR^{LUM} ⌜GAŠAN⌝-*I̯A* LÚ<<LÚ>>-ni-li [ ] x x x

14' (= 15') [ ] ⌜SAG.DU⌝ x x x x x [ ] *A-*⌜*NA*⌝ [ ] x x [

15' (= 16') [ ]x me-e-ḫ̮u-ni du-u̯a-⌜ar⌝-ni-eš-

⌜ki⌝-mi [

16’ (= 17’) [ ]x-al-la ma-a-an *Ú-UL*-i̯a me-im-

⌜ma?⌝-[

17’ (= 18’) [ ]x-az-ma-za LÚ-ni-li u̯a-aš-ši-i̯a-

mi [

18’ (= 19’) [ ] x x du-u̯a-ar-na-aḫ-ḫi-pát [ ]

Nummer 119 (Bo 2018a)

CTH: 670
Datierung: jh.
Anschlüsse: -
Duplikate: -
Bearbeitung: M. Popko, Or 61 (1992), p. 471; D. Yoshida, THeth 22, p. 314; Vs. 8’-18’ D. Yoshida, THeth 22, p. 166; Vs. 14’.17’ D. Yoshida, THeth 22, p. 304 Anm. 24; Rs. 1’ff. D. Yoshida, THeth 22, p. 243-244

Vs.

x+1 [ ]x[ ]x ⌜*NAM-MA-AN-DU* GUŠKIN⌝

2’ [-i]t šu-un-na-a -i

3’ [ ]x-⌜kán⌝ ᴳᴵŠBANŠUR-i

4’ [ ]x-i̯a-aš še-er da-a-i

5’ [ ] ⌜e⌝-ša-an-da

6’ [ᴳᴵŠBANŠURḪI.A-u]š ti-an -zi

7’ [tu-un-na]-⌜ke⌝-eš-na ḫal-zi-i̯a

8’ [L]UGAL-uš-ša GUB-aš

9’ [^{DINGIR}UTU ^{DINGIR}Me-ez-zu-u]l-la e-ku-zi

10’ [NINDA.G]UR$_4$.RA *EM-ṢA*

11’ [ ]⸢ú⸣-da-a -i

12’ [NINDA.GU]R$_4$.RA KU$_7$

13’ [ ]-⸢a⸣ -i

14’ [$^{LÚ.MEŠ}$NAR ḫa-a]t-ti-li-eš SÌR^{RU}

15’ [^{DINGIR}UTU] ⸢^{DINGIR}⸣Me-ez-zu-⸢ul⸣-la

16’ [NINDA.GUR$_4$.RA *EM-Ṣ*]*A* pár-ši-i̯a

17’ [$^{LÚ.MEŠ}$NAR ḫa-at-]ti-li-iš SÌR^{RU}

18’ [^{DINGIR}U ^{URU}Z]i-i[p-pa-la-an-t]a$^{?}$

Rs.

---

x+1 [^{DINGIR}Ta-ḫur-pí-i]š-ta-nu

2’ [ ]x

3’ [-]zi

4’ [pár-š]i-i̯a

5’ [ ]

6’ [$^{LÚ.MEŠ}$NAR ḫa-at-ti-l]i-iš SÌR^{RU}

7’ [-t]a-ra-an-zi

8’ [^{KUŠ}NÍG.BÀR-a]n ḫal-zi-i̯a

9’ [ta ḫa-at-k]án -zi

10’ [iš-pa-an] -ti

11’ [ ]x x-ta

12’ [ ]x

Nummer 120 (Bo 1975)

CTH: 500
Datierung: jh.
Anschlüsse: -
Duplikate: -
Bearbeitung: V. Haas, Gesch.Relig., p. 387 Anm. 62

Vs.

1 [a]m-ši I UDU ki-i̯a ^{DINGIR}x[
2 [I MUŠ]EN am-ši II MUŠEN ki-i̯a ^{DINGIR}[
3 [^{DINGIR}] ⸢Ḫé⸣-pát ku-un-zi-ša-a[l-li
4 [I] MUŠEN am-ši I MUŠEN ki-i̯[a
5 ⸢^{DINGIR}⸣Ti-i̯a-pa-an-t[i-
6 I É.DINGIR^{LIM} x[

---

7 I MUŠEN am[-ši
8 ^{DINGIR}⸢Gul⸣-[ša-aš

Nummer 121 (Bo 2071)

CTH: 500
Datierung: mh.
Anschlüsse: -
Duplikate: - (vgl. KBo 38.233 + KBo 21.77)
Bearbeitung: V. Haas/I. Wegner, OLZ 86 (1991), Sp. 172; Th. van den Hout, BiOr 51 (1994), Sp. 126; M. Popko, AoF 18 (1991), p. 239-245; Vs. 3' N. Oettinger, Stammbildung, p. 492; Vs. 6' N. Oettinger, Stammbildung, p. 517 Anm. 9; 7(') E. Neu, StBoT 5, p. 206; Vs. 10'-16' R. Lebrun, Hethitica 12, p. 71; Vs. 10'-12' D. Yoshida, THeth 22, p. 279; Vs. 19' N. Oettinger, Stammbildung, p. 445; Vs. 20(').Rs. 6 H.A. Hoffner, Al.Heth., p. 151; Vs. 21' N. Oettinger, Stammbildung, p. 422; Vs. 22'.Rs. 10 I. Singer, ZA 65 (1975), p. 77; Rs. 15-17 J.L. Miller, StBoT 46, p. 113; Rs. 16f. F. Sommer, ZA 46 (1940),

p. 8; Rs. 16f. G. Beckman, StBoT 29, p. 111; V. Haas, Gesch. Relig., p. 380 Anm. 522

Vs.

x+1 [ ] x x x [

2’ ⸢na-an⸣ [a]n-⸢da⸣ u-un-ni-i̯a-an-zi na-an-kán ^{LÚ}AZU ⸢ke⸣-e-da<-aš> *A-NA* III DINGIR^{MEŠ}

3’ ši-pa-an-ti na-an-kán pa-ra-a pé-en-ni-i̯a-an-zi na-an ⸢ḫa-at-ta⸣-an-zi

4’ na-aš-ta ^{UZU}šu-up-pa ḫu-i-šu ^{UZU}GABA ^{UZU}ZAG.UDU SAG.DU^{MEŠ} ⸢GÌR⸣^{MEŠ}

5’ KUŠ UDU da-an-zi na-at *PA-NI* ^{GIŠ}BANŠUR AD.KID ti-an-zi

6’ še-er ar-ḫa-ma-aš-ša-an ^{UZU}Ì.UDU ḫu-it-ti-i̯a-an -zi

7’ ⸢^{UZU}NÍG.GIG⸣-ma ^{UZU}ŠÀ IZI-it za-nu-an-zi ma-aḫ-ḫa-an-ma-at zé-i̯a-ri

8’ na-at-kán an-da ú-da-an-zi nu ^{LÚ}AZU III NINDA.SIG ke-e-da-aš DINGIR^{MEŠ}-aš

9’ pár-ši-i̯a še-ra-aš-ša-an ^{UZU}NÍG.GIG ^{UZU}ŠÀ da-a-i na-at *PA-NI* DINGIR^{MEŠ} da-a-i

---

10’ E[GI]R[-an-d]a$^{!}$-ma I NINDA.GUR$_{4}$.RA ⸢ZÌ⸣.DA I NINDA.GUR$_{4}$. RA Ì-it šal-kán-ta-an I NINDA.GUR$_{4}$.RA ⸢GA.KIN.AG⸣

11’ ⸢*A-NA* ^{DINGIR}⸣Ḫa-ša-am<-mi>-li pár-ši-i̯a na-aš-kán EGIR-pa *PA-NI* ^{DINGIR}Ḫa-ša-am-mi-li

12’ ⸢*I*⸣-[*NA*][54] ^{GIŠ}BANŠUR-pát da-a -i

---

[54] Oder *P*[*A-NI*], so M. Popko, AoF 18 (1991), p. 240.

13’ ⌜EGIR⌝-an-da-ma I NINDA.GUR$_4$.RA ZÌ.DA I NINDA. GUR$_4$. RA Ì-it šal-kán-ta-an I NINDA.GUR$_4$.RA GA[.KIN]. ⌜AG⌝

14’ *A-NA* ^{DINGIR}UD.SIG$_5$ pár-ši-i̯a KI.MIN

15’ EGIR-an-da-ma I NINDA.GUR$_4$.RA ZÌ.DA I NINDA.GUR$_4$. RA Ì-it šal-kán-ta-an I NINDA.GUR$_4$. ⌜RA⌝ [GA.K]IN. ⌜AG⌝

16’ da-an-ku-li-i̯a-aš ^{DINGIR}⌜UTU⌝-i pár-ši-i̯a KI.MIN

17’ še-ra-aš-ša-an NINDA.Ì.E.DÉ.A me-ma-al iš-ḫu-a-i nu EGIR-an-da

18’ *IŠ-TU* ^{DUG}*KU-KU-UB* KAŠ ši-pa-an-ti

19’ [n]u u̯a-ga-an-na ú-e-ek-zi nu NINDA a-a-an ku-e pár-ši-i̯a

20’ [na-aš-t]a a-na-a-ḫi da-a-i ⌜na⌝-at *PA-NI* DINGIR$^{\textit{LIM}}$ da-a-i

---

21’ [ma-aḫ-ḫa-a]n TU$_7$ A UZU *A+NA* ^{DUG}DÍLIM.GAL la-ḫu-an-zi na-aš-ta NINDA-an

22’ [ ]x-x-an-zi na-an *PA-NI* DINGIR$^{\textit{LIM}}$ ti-an-zi nu $^{\text{LÚ.MEŠ}}$ḫi-lam-mi-e-eš

23’ [pa-ra-a pa]-⌜a?⌝-an-zi na-an-kán ar-ḫa a-da-an-zi nu-ú-i̯a

24’ [ ] ḫal-zi-iš-ša-an-zi

Rs.

1 nu-uš-ši a-ku-u̯a-an-na pí-an-zi nu ḫa-an-te-ez-zi ⌜pal-ši⌝

2 ^{DINGIR}Ḫa-ša-am-mi-li-in TUŠ-aš e-ku-zi

---

3 EGIR-⸢pa-ma⸣ ^{DINGIR}UD.SIG$_5$ TUŠ-aš e-ku-zi

---

4 EGIR-pa-ma da-an-ku-li-i̯a-aš ^{DINGIR}UTU-un TUŠ-aš e-ku-zi DUB$^{?}$.ITU$^{??}$

---

5 ma-aḫ-ḫa-an-ma ne-ku-uz-zi nu a-da-an-na ú-e-ek-zi

6 nu NINDA a-a-an ku-e pár-ši-i̯a na-aš-ta a-na-a-ḫi da-a-i na-at *PA-NI* DINGIR^{MEŠ}[55]

7 da-a-i *IŠ-TU* ^{DUG}ÚTUL-i̯a-kán ^{UZU}u̯a-al-la-aš ḫa-aš-da-i da-a-i

8 na-at *PA-NI* DINGIR^{LIM} da-a -i

---

9 nu-uš-ši a-ku-u̯a-an-na pí-an-zi nu ^{DINGIR}Ḫa-ša-am-mi-li-in TUŠ-aš

10 III-*ŠU* e-ku-zi na-aš-ta $^{LÚ.MEŠ}$ḫi-lam-mi-e-eš pa-ra-a pa-a-an-zi nu da-a-i̯a-u-an-⸢zi⸣ [EZE]N$_4$ ⸢ITU⸣[56] ma-an i-i̯a-an-zi

---

11 EGIR-pa-ma ^{DINGIR}UD.SIG$_5$ TUŠ-aš e-ku -zi

---

12 EGIR-pa-ma ta-an-ku-li-i̯a-aš ^{DINGIR}UTU-un TUŠ-aš e-ku-zi

---

13 ma-a-aḫ-ḫa-an-ma lu-uk-kat+ta ^{UZU}šu-up-pa $^{LÚ.MEŠ}$MUḪALDIM da-an-zi

---

---

14 ma-⸢a-an⸣ ITU GIBIL ku-u̯a-pí ti-i-e-zi nu-za *A+NA*

[55] Nach Autographie eindeutig so, vgl. die Diskussion bei M. Popko, AoF 18 (1991), p. 240 Anm. 14.

[56] So nach M. Popko, AoF 18 (1991), p. 241.

^{DINGIR}ZUEN i-i̯a-at-ti-i̯a
15 ši-pa-an-ti nu ki-i da-an -zi

---

16 IX NINDA.G[UR$_4$.RA] nu[57] I-iš-ša *ŠA* ½ tar-na-aš I ne-pí-iš ZÌ.DA *ŠA* ½ *UP-NI*
17 nu-uš-ša-⸢an⸣ an-da MUL$^{\mathrm{HI.A}}$ i-i̯a-an NINDA.Ì.E.DÉ<.A> me-ma-al I GAL KAŠ-i̯a {Ras.}[58]

---

18 nu ma-a-aḫ-ḫa-an GE$_6$-an-za ki-ša-ri ITU-kán ú-iz-zi nu *A+NA* ^{f}I̯a-ru-ḫé[59]-pa
19 *ME-E QA-TI* pí-an-zi nu-za-kán *QA-TE*$^{!\mathrm{MEŠ}}$[60]-*ŠU* a-ar-ri nu I NINDA.GUR$_4$.RA tar-na-aš
20 [p]ár-ši-i̯a na-an-kán *A+NA* VIII NINDA.⸢GUR$_4$⸣.RA kat-ta da-a-i

---

21 [ ] x x-an[61] šu-uḫ-ḫa ša-ra-a pé-e-⸢da⸣-a[62]-i
22 [ ] ^{DINGIR}⸢ZUEN⸣ pár-ši-i̯a nu NINDA<.Ì>.E. DÉ.A
23 [ ]x-da *IŠ-TU* ^{DUG}GAL KAŠ

Nummer 122 (Bo 2111[63])

CTH: 651

---

[57] Oder IX NINDA.K[U$_7$ *UP-*]*NU* mit J.L. Miller, StBoT 46, p. 113 (nach der Übersetzung, die Umschrift hat dagegen NINDA.S[IG).
[58] Siehe M. Popko, AoF 18 (1991), p. 241, in der Autographie ausgelassen.
[59] -ḫe- bei M. Popko, AoF 18 (1991), p. 241, ist Druckfehler.
[60] *QA-TI*^{MEŠ} bei M. Popko, AoF 18 (1991), p. 241, ist ein Versehen.
[61] M. Popko, AoF 18 (1991), p. 241, schlägt fragend ^{NIND}]^{A} ⸢pár-ša⸣-° vor.
[62] A ist bei M. Popko, AoF 18 (1991), p. 241, ausgefallen.
[63] Zum ursprünglichen Bo 2111 siehe J. Friedrich, HG, p. 4.

Datierung: jh.
Anschlüsse: -
Duplikate: KUB 60.22
Bearbeitung: Th. van den Hout, BiOr 51 (1994), Sp. 122; Rs. 1'-5' Y. Cohen, THeth 24, p. 171

Vs.

1 [(-)a]n-da-ma LÚ*ḪA-TÁ-NU* i-i̯a-at-ta -ri [ ]
2 [LÚ*Ḫ*]*A-TÁ-NI*-ma pé-ra-an MUNUS.MEŠḫa-az-ga-ra-⸢i⸣ [
3 [ ]-⸢ú⸣-li-uš-ša ma-a-an II-*ŠU* IX ma-a[-
4 [ ]x Ì.NUN GIŠGEŠTIN ḪÁD.DU.A-i̯a x[
5 [MUNUS.]MEŠḫa-az-ga-ra-aš-ma pé-ra-an ⸢e⸣-[
6 [ma-a-a]n XXX MÁŠ.GAL ma-a-an L MÁŠ.GAL ḫu-x[
7 [*I*]*Š-TU* KÙ.BABBAR a-ra-na-an-te[-
8 [ ] x x x x [ ] ḫu-⸢i̯a⸣-[

Rs.

x+1 [ḫ]u-u-ma-an [
2' [LÚ*ḪA-T*]*Á-NU A-*⸢*NA*⸣ DINGIRME[Š
3' [ ]x ⸢*QA*⸣-*TAM-MA* a-aš-šu-uš ⸢e⸣-[eš-du]

4' [ ]x-kán an-da ḫa-a-ni-eš ḫu-uḫ-ḫe[-eš
5' [ ]x-u̯a-an -zi *Ú-UL* ku-it a-⸢a⸣-[ra]

Nummer 123 (Bo 1895)

CTH: 832
Datierung: jh.
Anschlüsse: -

Duplikate: -
Bearbeitung: -

x+1 [ ]x[
2' [ ]x-x-za x[
3' [ ]x-un-na-⌈an⌉-zi [
4' [ ]x EN x-x-⌈ra⌉-aš DINGIRU x[
5' [ ]x-u̯a-ar-ḫu-x-x-an-x[
6' [ ]x-ša-⌈u̯a⌉-x x x x [
7' [ ]x-u̯a-ar-ḫu-x x x[
8' [ ]x-iš-u̯a-an-na-za [
9' [ ]x-⌈ra⌉-za x[

Nummer 124 (Bo 2112)

CTH: 250
Datierung: jh.
Anschlüsse: -
Duplikate: -
Bearbeitung: -[64]

Vs.

1 x[ ] LIBIR.RA a-x[
2 [ ] a[-

---

3 [LIBI]R.⌈RA⌉ [

---

4 XXV LIBIR x x [

Rs.

[64] KUB 60.124 bei J. Klinger, Hethitica 15, p. 107, ist Fehlzitat für KUB 60.129.

x+1 [ ]x *A-NA* x[

2' [G]IBIL *A-NA* ^{m}Ti-it-⸢ti⸣ [

3' [ ]x-ru-⸢um⸣-mi-i̯a-aš me-mi-i̯a-an [

4' ŠU.NÍGIN III ME XC SÍG x x x [

Nummer 125 (Bo 2114)

CTH: 500
Datierung: jh.
Anschlüsse: -
Duplikate: -
Bearbeitung: -

Vs.

x+1 [ ]x x[
2' [ ] ši-pa-an-ti aš-x[
3' [ ]x tu-li-i̯a-an [

4' [ ]x-ša-an da-an$^{!}$-ma-aš [
5' [-t]a-a-ri nu zi-za-a[t-
6' [ ] ^{LÚ}AZU *A-NA PA-NI* [

7' [ ]x II UDU *A-NA* ^{DINGIR}x[
8' [ ]x ^{DINGIR}Ḫal-ki ši-pa-a[n-ti
9' [ ]x-ú-li ŠU-an [
10' [d]a-a-i GÍR da-a-⸢i⸣ [
11' [^{DINGIR}Ḫ]al-ki [

Rs.

x+1 DUMU.LUGAL x[
2’ DUMU.LUGAL x[
3’ e-ša-an[-
4’ kat-ta x[

5’ ⸢DUB⸣.IV^{KAM} [
6’ [*Š*]*A* KASKAL [

Nummer 126 (Bo 1930)

CTH: 832
Datierung: jh.
Anschlüsse: -
Duplikate: -
Bearbeitung: -

x+1 [ ]x[
2’ [ ]x ⸢ḫu⸣-[
3’ [-]ši *Ú-UL* ku-i[t-ki
4’ [-]eš DINGIR^{MEŠ}-i̯a-u̯a an[-
5’ [-]un a-ri-i̯a-nu-un x[
6’ [ ]x *ŠA* du-u̯a-ar-x[
7’ [DING]IR^{MEŠ} EGIR-pa ú-e-d[u-
8’ [ ] ^{URU}Al-ḫu-u[t$^{?}$-t]i$^{?}$-i̯a [
9’ [ ]x-ša [
10’ [ ]x[

Nummer 127 (Bo 1904)

CTH: 525
Datierung: jh.
Anschlüsse: -

Duplikate: -
Bearbeitung: Th.P.J. van den Hout, JEOL 32 (1991/92), p. 101 Anm. 4

x+1 [ ]x-zi ḫu-ul-ḫu[-li-i̯a ti-an-zi
2' [ ]x ku-iš tar-aḫ-z[i
3' [NINDA.Ì]. ⌈E.DÉ⌉.A me-ma-al GAM-a[n
4' [$^{L}]^{Ú}$GILIM DÙ-zi x[
5' [*IN*]*A* É.DINGIR^{LIM} $^{MUNUS.MEŠ}$ḫ[a-
6' [t]a-⌈ni⌉-nu-u̯a-an-zi š[u-
7' [ ]x-an-zi *BI-IB-R*[*U*
8' [$^{M}]^{UNUS.MEŠ}$ḫa-zi-ka$_4$[-ra-i
9' [ ]x TA ⌈É⌉.[

10' [ ]x x[

Nummer 128 (Bo 1940)

CTH: 187
Datierung: jh. (spät)
Anschlüsse: -
Duplikate: -
Bearbeitung: D. Groddek, StudAeg 17, p. 277f.

x+1 [-ḫ]a-aš-ta {Rasur} kat-⌈ta⌉ [
2' [-]ta ^{DINGIR}UTU^{ŠI} ḫa-a-i[n-
3' [DUMU.MUNUS *A-NA* ŠE]Š-*IA* pí-iḫ-ḫi ke-⌈e⌉ (-)[
4' [ ]x DINGIR^{MEŠ} ku-ut-r[u-e-eš a-
ša-an-du
5' [ ]x[

Nummer 129 (Bo 2175)

CTH: 297
Datierung: jh.

Anschlüsse: -[65]
Duplikate: -
Bearbeitung: Th. van den Hout, BiOr 51 (1994), Sp. 126; Th. van den Hout, StBoT 38, p. 187.189.191; J. Klinger, Hethitica 15, p. 107[66]; 1'-12(') Th. van den Hout, DMOA 25, p. 66; 4' Th. van den Hout, DMOA 25, p. 64; 7' Th. van den Hout, DMOA 25, p. 55.56.57f.76

x+1 [ ]-⌈kán⌉ *Ú-UL* x[
2' [ ]x-u̯a-ra-an pa-ap-ra-ah̯[-
3' [-h̯a]r?-u̯a-aš-ši-kán a-ar-aš [
4' [-u̯]a-za ar-h̯a ú-da-a-i f.DINGIRG[AŠAN-ti
5' [e-]ep-zi nu-u̯a-x-x-⌈za⌉ ku-it an[-
6' [-u̯]a-aš-ši-kán *ŠA* f.DINGIR⌈GAŠAN⌉-ti UH̯7-tar *A-N*[*A*
7' [ ]x-a-x mH̯al-pa-⌈LÚ⌉-iš LÚSANGA-x[
8' [ ]x DINGIRUTU*ŠI* ar-h̯a ⌈KIN⌉-u-an-zi e[-ep-
9' [pá]r-ku-iš-u̯a-za e-eš *ŠA* f.DINGIR⌈GAŠAN-ti KAxU⌉-za [
10' [-i]t-u̯a-ta NÍ.TE-*KA* pa-ap-ra!-ah̯-h̯e-eš-k[i-
11' [ ]x-⌈u̯a⌉-at-ta H̯UL-lu-un MUŠEN-i[n
12' [ ]x pí-ip-pa x x x [

Nummer 130 (Bo 2182)

CTH: 791
Datierung: jh.
Anschlüsse: + KUB 45.72
Duplikate: -
Bearbeitung: V. Haas/I. Wegner, OLZ 86 (1991), Sp. 172; I. Wegner, ChS I/3.1, Nr. 60

[65] Gemäß S. Košak, Konkordanz (1.0) sub 1784/c nicht + KBo 18.145.
[66] Zu KUB 60.124 verdruckt.

Vs.?

x+1 [ ]-⸢zi nu-u̯a⸣ [

2’ [^{DINGIR}]*IŠTAR*-ga-u̯a$_a$-x[ ]x[

3’ [^{DINGIR}N]i-na-at-ta ⸢^{DINGIR}⸣ Ku-li-it-t[a

4’ [-p]a-az-zi-ḫi u̯[i]$_i$-iz-zi-i ši-i-i[š-ša

5’ [ ] ⸢a⸣-bar-te-i u̯i$_i$-te-ḫé-ma [

6’ [-]za-zu-pu[-]x-a-an-na ši-i-iš-š[a

Rs.?

---

x+1 [ ] x x-pí[-

2’ [ ]x-li-ma ⸢ti⸣-[

3’ [ ] x -iz-⸢zé?⸣-ḫi-iš[-

4’ [ ]x-iš-ḫi-i[-

5’ [ ]x[

Nummer 131 (Bo 2166)

CTH: 745
Datierung: jh.
Anschlüsse: -
Duplikate: KBo 34.242

Bearbeitung: Th. van den Hout, BiOr 51 (1994), Sp. 126; KBo 34, p. VIII; S. Košak, ZA 84 (1994), p. 290; S. Košak, StBoT 34, p. 18 Anm. 2

lk.Kol.

x+1 [ ]x

...

2" [ ]x

r.Kol.

---

x+1 ⌜ma⌝-a-an II $^{LÚ.MEŠ}$ÁZLAG II ^{MUN}[$^{US.MEŠ}$UŠ.BAR

2' ^{URU}Ta-aš-ta-ri-iš-ša [

3' ^{GIŠ}iš-ḫa-a-aš-ḫa-an ḫu-⌜i⌝-[nu-uš-

4' na-aš-ša-an ku-u̯a-a-at URU-i̯a [ ]

5' a-ap-pa pa-a-an-zi a-da-x[

6' a-ku-u̯a-an-zi kal-la-r[a]

7' [n]a$^{!}$-a-at-ta ku-it-⌜ki⌝ [

8' [ ]x[ ]x[

Nummer 132 (Bo 2187)

CTH: 500
Datierung: jh.
Anschlüsse: -
Duplikate: -
Bearbeitung: -

Vs.

x+1 [ ] *A-NA* DUG.K[A.GAG.A

2' [S]AḪAR$^{ḪI.A}$-uš x[

3' [ ]x an-da pé-eš-še-i̯[a-

4' [-]di ḫa-a-ri-i̯a -zi [ ]

5’ [ ] {Rasur} [ ]

6’ [-a]ḫ-ḫu-un nu-ut-ták-kán pa-ra-a x x[

7’ [le]-⸢e⸣ u̯a-aḫ-nu-ši [ ]

8’ [ ]

9’ [ḫ]ur-li-li-ma -kán [ ]

10’ [ ] [ ]

11’ [ ]x a-ru-ḫu-i̯a-aš-šar ku-u̯[a-

12’ [-t]a *Ú-UL*-ma-at-ta [

13’ [ne-]pí-ša-az kat-ta [

14’ [da-ga-an-z]i-pí ku-in [

15’ [ ]x-iš-ši [

16’ [ ]x[

Rs.

x+1 [ ] ⸢am-mu⸣-uk da-aḫ-hi [

Nummer 133 (Bo 2190)

CTH: 745
Datierung: jh.
Anschlüsse: -
Duplikate: -
Bearbeitung: M. Popko, Or 61 (1992), p. 471; J. Klinger, StBoT 37, p. 41; D. Groddek, DBH 10, p. 331 Anm. 4; O. Soysal, ArchAn 4 (2000), p. 191f.; O. Soysal, Eothen 11, p. 767f.

x+1 [-i]t-x[

2’ [-i]l t[e-

3’ [ ]x x x-ta ḫu-u[r-

4’ [ ]-⸢i⸣-it [

5’ [lu-ú-u̯a]-⸢i⸣-i̯a lu-ú-u̯a-a lu-ú-u̯a-i-i̯a [
6’ [lu-]ú-u̯a-ma {Rasur} [ ]
7’ [ ]x-u̯a-e u̯a$_{a}$-at-ta-aš {Rasur} [

8’ [ ] ka-a-ḫ̮u-la-a-la [
9’ [-i]k-ta-a x[
10’ [ ]x[

Nummer 134 (Bo 2197)

CTH: 470
Datierung: jh. (spät)
Anschlüsse: -
Duplikate: -
Bearbeitung: Th. van den Hout, BiOr 51 (1994), Sp. 126; M. Popko, Or 61 (1992), p. 471; 1-11 A. Ünal, AoF 22 (1995), p. 275f.

1 ⸢ku⸣-it-ma-an MUNUS.LUGAL šu-up-pár-u̯a-an-za ^{GIŠ}PISAN NINDA B[A. BA.ZA
2 II *TA* ⸢^{TÚG}⸣ NÍG.LÁM^{MEŠ} an-da DAB-an-ta *A-NA* LUGA[L
3 III [ ]x[*A-N*]*A* ^{LÚ}SANGA IV$^{!}$ ^{TÚG}ka-x[
4 x[ ] x x ku-i-e-eš za[-
5 ⸢TÚG⸣ [ ] LÚ ^{URU}Ku-uš-ša[r
6 *MA-AI̯A-L*[*I* ^{URU}]I-šu-u̯a MUNUS^{MEŠ} LUGAL [
7 ^{m}Ḫ̮u-zi-i̯a-an *IŠ-TU* *MA-AI̯A-LI* [

---

8 DUMU^{MEŠ} LUGAL KUR ^{URU}I-⸢šu⸣-u̯[a
9 te-e-ta-nu-uš [
10 ^{m}A-li-iḫ̮-x[
11 *A-NA* x[

Nummer 135 (Bo 2223)

CTH: 470
Datierung: jh.
Anschlüsse: -
Duplikate: -
Bearbeitung: -

Vs.

---

x+1 [ ]x ta[r-
2’ nu [-i]š II [
3’ nu-u[š]x x[
4’ ŠÀ SISKUR me[-
5’ *A-NA* x[

6’ SISKUR *ŠA* [
7’ nam-ma-za [
8’ nam-ma *A-N*[*A*
9’ ^{DINGIR}LAMMA$^{ḪI.A}$ [
10’ DINGIR^{MEŠ} LÚ^{MEŠ} [
11’ ⌜*ŠA*⌝ I an[-
12’ ⌜ma-a⌝-[an

Rs.

x+1 *MA-MI*[*T*
2’ nu-x[
3’ nu [
4’ *MA*[*-MIT*
5’ *MA-M*[*IT*
6’ *MA-M*[*IT*
7’ *MA-MIT* [

8’ *MA-MIT*[
9’ *MA-MIT*[
10’ ki-nu-u[n-

11’ ki-nu-u[n-
12’ XX ḫi-x[
13’ [ ]x[

Nummer 136 (Bo 2222)

CTH: 832
Datierung: jh.
Anschlüsse: -
Duplikate: -
Bearbeitung: r.Kol. 2’ N. Oettinger, Stammbildung, p. 189; r.Kol. 7’ E. Neu/H. Otten, IF 77 (1972), p. 189 Anm. 25; r.Kol. 7’.5’ E. Neu, HS 103 (1990), p. 217 Anm. 28

lk.Kol.

x+1 [ ]x
...
2” [ ]x-x-za

r.Kol.

x+1 x x x x [
2’ an-da ḫa-pu-⌜uš na-an-kán pa-aḫ-ḫu⌝-u-x[
3’ pé-eš-ši-i̯a [-

4’ nu am-me-el i-u̯a-ar ku-u̯a-at-ka$_4$ i-⌜i̯a⌝-[
5’ da-at-ti MUNUS-an nu-za-kán ⌜TI⌝-an-na [
6’ le-e e-eš-ša-ti nu kiš-an ⌜le⌝-[e
7’ ta-ma-a-i MUNUS-za-tar I-an-pát a-x[

Nummer 137 (Bo 2228)

CTH: 470
Datierung: jh.
Anschlüsse: -
Duplikate: -
Bearbeitung: Th. van den Hout, BiOr 51 (1994), Sp. 126

x+1 [ ]x[
2’ [-]ra-da-x[
3’ [ ]x ⸢ERIN⸣ -an [
4’ [nu-u̯]a-ra-at-kán ke$^{!}$-e[-
5’ [-z]i

6’ [ ]x ku-u̯a-pí ⸢*PA*⸣-*NI* ^{DINGIR}x[
7’ [ ] ḫu-uk-mi am-mu-uk-ma-u̯a-za [
8’ [ ] ḫu-uk-mi nu-u̯a kiš-an DÙ-mi [
9’ [ ]x x-na-i̯a II ^{GIŠ}x *AT-ḪU-TIM* [
10’ [-]kán KASKAL-ši ar-da-ri II-aš ḫa-tar-na[-
11’ [-]an :lu-up-pa-aš-du-u̯a-li-in-zi [
12’ [ ] a-ša-an-zi ku-u̯a-pí-⸢ra⸣-an-kán x[
13’ [-]zi ^{DINGIR}UTU$^{\textit{ŠI}}$ ^{m}⸢Tu⸣-u-ma-an-na-LÚ-in [

Nummer 138 (Bo 2355)

CTH: 475
Datierung: mh.
Anschlüsse: -
Duplikate: KUB 7.20; KBo 9.115 (+) KBo 9.119; KBo 14.125 (+) KBo 40.26 (+) Peyronnet 1 (+) KBo 14.126

Bearbeitung: D. Groddek, Hethitica 14 (1999), p. 29; Vs. 1-3 P. Dardano, StBoT 47, p. 237

Vs.

1 ⸢^{m}⸣Pal-li-i-i̯a-aš LUGAL ^{UR}[^{U}Ki-iz-zu-u̯a-at-na]
2 ⸢ku⸣-u̯a-pí ^{DINGIR}U ^{URU}Ki-iz-zu-u̯a[-at-na ša-ra-a]
3 ⸢ti-it-ta-nu-ut⸣ na-an [ki-iš-ša-an ma-al-ta-aš]

Rs.

x+1 aš-x[
2' na-an [

3' ke-e-d[a-

Nummer 139 (Bo 2269)

CTH: 832
Datierung: jh.
Anschlüsse: -
Duplikate: -
Bearbeitung: -

x+1 [ ]x[
2' [-]at-ta[-
3' [ ]x [ ]

4' [GA]L.GAL-i̯a a-ap-pa pu-x[
5' [ ]x me-mi-iš -ta [ ]

6' [am-me-e]l {Ras.} ⸢NIN⸣-*IA* {Ras.} a-ap-p[a
7' [ ]x am-me-el NIN-⸢*IA*⸣ LÚ[-
8' [ ]x-ta-an-ta -a[n]
9' [m]e-⸢mi⸣-iš -t[a]

10’ [n]a-aḫ- ⸢šar⸣ -x[
11’ [-i]r x[
12’ [ ]x[

Nummer 140 (Bo 2229)

CTH: 525
Datierung: jh.
Anschlüsse: -
Duplikate: -
Bearbeitung: -

Vs.

x+1 [ ]x- ⸢te⸣ -eš
2’ [G]IŠBANŠUR
3’ [-z]i
4’ [ ]x GALḪI.A da-pí-an
5’ [ ]x GEŠTIN-kán IX GALḪI.A
6’ [a]š-ša-nu-ma-aš
7’ [GALḪI.A]- ⸢ma⸣ -kán IGI-zi-aš GALḪI.A ⸢SIxSÁ⸣ -an[-t]e- ⸢eš⸣
8’ [-p]a-ri ša-ša-nu-uš ti-an-zi
9’ [-a]n-zi

10’ [ ]x TU_7 pít-tal-u̯a-an DÙ-an-zi
11’ [ ]x I ⸢DUG⸣ ḫu-u-up-pár KAŠ GIŠZAG.GAR.RA-ni
12’ [-]aš ḫal-zi-ri GALḪI.A-kán aš-ša[-]x
13’ [IGI-zi-aš GALḪ]I.A SIxSÁ-an-te-eš I GU_4 VII UD[U
14’ [ ]x-la-an-x x x x [ ]x

15’ [ma-ni-]in-ku-u̯[a-]x-iš
16’ [ ] da-pí[- -z]i
17’ [ ]x[ ]x$^{\text{ḪI.A}}$
18’ [-i]š x$^{\text{ḪI.A}}$ DÙ-at
19’ [ ] x x ^{DINGIR}U pa-iz-zi
20’ [ ]x[ ]x[ ]x-zi
21’ [ ]x

Rs.

x+1 [ ]x-ri
2’ [-]pa
3’ [ ] t[e-]x-an
4’ [ ]x
5’ [ ]x-⸢zi⸣
6’ [^{DUG}ḫ]u-u-up-pár KAŠ
7’ [ ]-⸢a?⸣
8’ [ ] ḫa?-⸢ša⸣-an-zi
9’ [ ]x^{MEŠ}-⸢kán⸣
10’ [ ]x-ti-x-kán-z[a]
11’ [-m]a-an ⸢GAL⸣ GEŠTIN ⸢in⸣-x
12’ [ ]$^{\text{ḪI.A}}$ ḫu-u-kán-zi
13’ [ ]x *BI*-⸢*IB-RI*$^{\text{ḪI.A}}$⸣-kán šu-u̯a-an-zi
14’ [ ]x I *PA* ZÌ.DA IV ⸢DUG⸣ KAŠ {Rasur}
15’ [ ] aš-ša-nu-an-zi GAL$^{\text{ḪI.A}}$-⸢kán⸣ IGI-zi-aš

16’ [GAL$^{\text{ḪI.A}}$-aš SIxSÁ-an-te-eš] du-uš-kán-zi $^{\text{MUNUS.MEŠ}}$ḫa-az-ga-ra-i
17’ [ ]x-ku-uz DINGIR^{MEŠ}
18’ [ ]x ar-ḫa pé-da-an-zi
19’ [ ]x *I-NA* ^{URU}Ú-lu-uš-ḫi-na
20’ [ ]x $^{\text{LÚ.MEŠ}}$GURUŠ-kán
21’ [ ] x x

Nummer 141 (Bo 2013a)

CTH: 670
Datierung: jh.
Anschlüsse: -
Duplikate: -
Bearbeitung: -

Rs.

x+1 [ ] x x [ ]-⸢ni pé⸣-e-da-an-z[i

2’ [^{LÚ}].⸢^{MEŠ}⸣ *ME-ŠE-DI*-ma ša-ra-a ti-en-zi [ ]
3’ [na]-⸢at⸣ an-da a-ra-an-zi [ ]
4’ [š]al-la-i̯a-aš a-še-eš-na-aš *Ú-NU-TE*^{MEŠ} [ ]
5’ [š]a-ra-a da-an-zi ^{GIŠ}BANŠUR$^{\text{ḪI.A}}$-i̯a [ ]
6’ [ša-ra-]a da-an-zi [ ]
7’ [ ]x pa-ra-a ⸢pé⸣-[e-da-an-zi]

Nummer 142 (Bo 2265)

CTH: 832
Datierung: jh.
Anschlüsse: -
Duplikate: -
Bearbeitung: -

x+1 [ ]x ⌜LÚ⌝ [

2’ [ku-e-]da-ni-ik-k[i
3’ [ ]x-zi nu-u̯a-r[a-
4’ [ ] {Ras.} ma-a-an-u̯a-ra-x[
5’ [-]x-da-a-ri [
6’ [ ]x-ri-it-ti [
7’ [ ]x-ma *Ú-UL* ḫu[-
8’ [(-)]an-na-aš x-da-u̯a[-
9’ [ ]x LUGAL-i̯a ku[-
10’ [ ]x a-⌜ša⌝-an-t[e-eš
11’ [ ]x[

Nummer 143 (Bo 2246)

CTH: 832
Datierung: jh.
Anschlüsse: -
Duplikate: -
Bearbeitung: -

Vs.

x+1 [-]i̯a-an-⌜za⌝
2’ [-d]a-ma-aš
3’ [ ]x-an ḪUL-lu-uš{Rasur}
4’ [ ]

5’ [ ]x nu ši-ik-lu-mi
6’ [-i]š MUNUS^{MEŠ} nu ku-u-un UN-an
7’ [k]a-a-aš še-ek-lu-mi-iš
8’ [ ]x na-an ^{LÚ}NÍG.ÉRIM-ni UN-ši
9’ [-]zi ku-iš-ši ḪUL-lu ḫar-zi

10’ [ ]^{MEŠ} PAB-ru

11’ [ ]x ku-u-un UN-an x[
12’ [ ] x-x-⌜un⌝ [

Rs.

x+1 [ ]x x[

2’ [ ]x-pí-i̯a-aš *ŠA* IM-aš
3’ [-n]u-mar TI-tar-še-et ti-⌜it⌝-[ ]x
4’ [n]a-an ^{URU}An-x-an
5’ [ ]x-ga-nu-ut
6’ [ ]x-ti UḪ̮$_7$-ni
7’ [z]i-ik PAB-aḫ̮-ši

8’ [ ] na-at-kán ŠÀ É$^{\textit{TI}}$
9’ [-]pát GAR-ri
10’ [NIND]A.GUR$_4$.RA pár-ši-i̯a
11’ [ ] ⌜Ì⌝ LÀL
12’ [ ]x
13’ [ ]x

Nummer 144 (Bo 2153)

CTH: 470
Datierung: jh.
Anschlüsse: -
Duplikate: -
Bearbeitung: 4’-6’ G. Torri, StudAs 2, p. 111; 4’-8’ V. Haas, MMMH, p. 303; I 6’ E. Neu, StBoT 18, p. 85 Anm. 166; 7’-8’ G. Torri, StudAs 2, p. 111

x+1 [NINDA.GU]R₄. ⸢RA pár-ši⸣-i̯a-mi nu du-u[t-
2' ke-ez-za ke-ez-za DINGIR*LUM* na-aš-m[a
3' na-aš-ma-u̯a ke-ez-za ku-iš-ki a[n-

4' nu GIŠḫa-ti-u̯a-aš pár-aš-du-uš da-aḫ-ḫi [ku-iš EME-an]
5' kar-ap-pa-an ḫar-zi nu ke-e GIM-an ⸢ḫa⸣-[da-a-an]
6' EME-*ŠU* *QA-TAM-MA* ḫa-az-za-du nu-uš-ši [
7' ku-u-uš-u̯a GIM-⸢an ḫu⸣-u-u̯a-an-za pé-e-da[-
8' *QA-TAM-MA* ⸢pé-e-da⸣-ú[67] [ ]

Nummer 145 (Bo 2278)

CTH: 530
Datierung: jh. (spät)
Anschlüsse: -
Duplikate: -
Bearbeitung: Th. van den Hout, DMOA 25, p. 13

Vs.?

x+1 ⸢kar-ša⸣-a[n-da
2' DINGIRUTU*ŠI* kar-š[a- GAM-an-ma za-ki-la-
tarḪI.A]
3' ⸢kiš⸣-an pí-an-z[i

4' kar-ša-an-da *Š*[*A*
5' ša-ku-u̯a-aš-⸢šar⸣-ra-at [šar-ni-in-kán-zi
6' I *UP-NU* ZÌ.DA I DUGḫa-ni-x[

7' ⸢kar-ša⸣-an-da *ŠA* DINGIR ⸢Te⸣-x[
8' I DUGḫu-up-pár KAŠ *A-NA PA-NI* DINGIRU[TU*ŠI* kar-ša-an-

[67] -u bei V. Haas, MMMH, p. 303, ist Druckfehler.

9’ ⌈GAM⌉-an-ma za-ki-la-tar$^{\text{ḪI.A}}$ kiš-an pí-a[n-zi

10’ [ka]r-ša-an-da *ŠA* ^{DINGIR}DAG-⌈ti⌉ [
11’ [D]UG.KA[.GAG.]A II BÁN *AR-SÀ-AN-NU* [ša-ku-u̯a-aš-šar-ra-at]
12’ [šar-ni-i]n-kán-zi GAM-an-ma za-ki[-la-tar$^{\text{ḪI.A}}$ kiš-an pí-an-zi

---

13’ [ka]r-ša-an-da *ŠA* ^{DINGIR}DAG-ti [
14’ [ ] ⌈*A*⌉-*NA PA-NI* ^{DINGIR}[UTU$^{\textit{ŠI}}$ kar-ša-an-
15’ [GAM-a]n-ma za-ki-l[a-tar$^{\text{ḪI.A}}$ kiš-an pí-an-zi

---

Rs.?

x+1 [kar-ša-an-da] *ŠA* $^{\text{⌈DINGIR⌉}}$[
2’ [ ]x I DUG ḫa-x[
3’ [ša-ku-u̯a-aš-šar-r]a-at šar[-ni-in-kán-zi
4’ [ ] ½ BÁN ZÌ.DA [

5’ [kar-š]a-an-da *ŠA* ^{DINGIR}[
6’ ša-ku-u̯a-aš-šar-⌈ra⌉-at šar-n[i-in-kán-zi

7’ kar-ša-an-da *ŠA* ^{DINGIR}x[
8’ X DUG.KA.GAG.⌈A⌉ *A-NA PA-NI* ^{DINGIR}U[TU$^{\textit{ŠI}}$ kar-ša-an-
9’ GAM-an-ma za-ki-la-tar$^{\text{ḪI.A}}$ ⌈kiš⌉-an [pí-an-zi

10’ kar-ša-an-da *ŠA* $^{\text{⌈DINGIR⌉}}$x x[
11’ *A-NA PA-NI* ^{DINGIR}UTU$^{\textit{ŠI}}$ kar-ša-a[n-
12’ pí-an-zi I UDU I x[

13’ kar-ša-an *ŠA* [

14’ *A-NA PA-NI* ^{DINGIR}UTU$^{\check{S}I}$[kar-ša-an-

15’ kiš-an pí-an[-zi

Nummer 146 (Bo 2006a)

CTH: 297
Datierung: jh.
Anschlüsse: -
Duplikate: -
Bearbeitung: 9 HEG III 495

Vs.

1 [*U*]*M-MA* ^{f}Ma-a-⸢la⸣ ^{MUNUS}SUHUR.LA$_5$ [

2 [ ]x-e-eš-zi na-an-kán ta[-

3 [p]é-e-da-an-zi nu a-pé-el x[

4 [a]r-ša-an-te-eš nu-x[

---

5 [ ]x ḫu-u-up-pa-an-da-an x[

6 še-ra-aš-ša-an ša-mi-ku-uš[-

7 na-aš-ta pa-an-ku-na-aš x[

8 ar-ša-an ša-x[

9 du-u̯a-ar-né-eš-⸢šar⸣ [

10 te-ez$^{!}$-zi na-x[

Nummer 147 (Bo 2421)

CTH: 670
Datierung: jh. (spät)
Anschlüsse: -
Duplikate: Bo 3624
Bearbeitung: V. Haas/I. Wegner, OLZ 86 (1991), Sp. 172; M. Popko, Or 61 (1992), p. 471; III H. Otten, RlA V 208 s.v. *Ištaḫara*; III 13f.(= 12”f.) H. Otten, BM 7 (1974), p. 140 Anm. 1; III 16”.IV 18 F. Pecchioli Daddi, FS Alp, p. 108; IV 14-19 D.

Yoshida, THeth 22, p. 227; IV 17 C. Rüster, Fs Otten^{2}, p. 297; IV 17ff. H. Otten, StBoT 13, p. 47; IV 24ff. A. Ünal, Ortaköy, p. 81 Anm. 86[68]

Vs. III$^{?}$

x+1 [ ]x-eš
2' [ ]
3' [-a]n-zi
4' [-z]i
...
8' [ ]x
....
11" [ ]x $^{\text{ḪUR.SAG}}$⸢Iš⸣-d[a-ḫa-ru-nu-u̯]a
12" aš-nu-⸢u̯a-an-zi⸣ nu DINGIR^{LUM} kar-pa-an-zi [ ]
13" na-an an-da URU-ri-i̯a ú-da-an-zi
14" LÚ ^{URU}Iš-da-ḫar EGIR-an-ši-it i-i̯a-zi
15" GIM-an DINGIR^{LAM} URU-ri ma-ni-in-ku-u̯a-aḫ-ḫi
16" nu-uš-ši-kán ^{MUNUS}SANGA ^{DINGIR}Ḫa-te-pí-nu-un
17" me-na-aḫ-ḫa-an-da pé-e-da-i nu ^{MUNUS}SANGA
18" *A-NA* $^{\text{ḪUR.SAG}}$Iš-da-ḫa-ru-nu-u̯a *UŠ-KE-NU*
19" nu-uš-ši *QA-TI-ŠU* pa-ra-a e-ep-zi
20" nu kiš-ša-an me-ma-i zi-ik-u̯a
21" la-aḫ-ḫi iš-ta-an-ta-it ú-uk-x-x
22" ŠÀ É $^{\text{NA}_4}$ARA$_5$ ḪUL ti-i̯a[-

Rs. IV$^{?}$

1 II iš-pa-an-tu-zi ŠÀ I^{EN} *ŠA* GEŠTIN

[68] Bo 2421 II 4 bei A. Kammenhuber, Heth.u.Idg., p. 141, ist Fehlzitat.

2 I^{EN} *ŠA* KAŠ *ŠA* ^{DINGIR}U ^{URU}Ḫa-aš-tu-u-u̯a

3 É.ŠÀ-ni šu-un-na-an -zi

---

4 lu-uk-kat-ti-ma IX NINDA.GUR$_4$.RA *ŠA* I *SA$_x$-A-TI*

5 za-nu-u̯a-an-zi I GU$_4$ II ⌜UDU⌝ *A-NA* ^{DINGIR}U $^{\langle URU \rangle}$Ḫa-aš-tu-u-u̯a

6 ḫu-u-kán-zi nu-uš-ša-an NINDA.GUR$_4$.RA ^{GIŠ}BANŠUR

7 ti-an-zi nu-uš *PA-NI* DINGIR^{LIM} ti-an-zi

8 pár-ši-i̯a-an-zi-ma-aš *Ú-UL* ^{UZU}NÍG.GIG ŠÀ-x

9 za$^{!}$-nu-u̯a-an-zi na-at *PA-NI* DINGIR^{LIM} ti-an-zi

10 ^{UZU}Ì ar-ḫa šar-ra-an-zi ki-i TU$_7$$^{⌜ḪI⌝.A}$

11 DÙ-an-zi ki-i-ma-kán še-kán-zi

12 ḫal-ku-eš-šar LÚ ^{URU}Iš-da-ḫa-ra pa-a-i

13 a-da-an-na e-ša

---

14 ^{DINGIR}U $^{\langle URU \rangle}$Ḫa-aš-tu-u-u̯a iš-tar-ni-i̯a-aš GU$_4$$^{ḪI.A}$-uš

15 DINGIR^{MEŠ} LÚ^{MEŠ} a-ab-ba-ma (sic) ^{DINGIR}UTU a-ku-u̯a-an-zi

16 a-ap-pa-ma ^{DINGIR}U ^{DINGIR}*TAŠ-ME-TUM* ^{DINGIR}Ḫal-ki-in

17 ⌜a⌝-ap-pa-ma ^{DINGIR}U ^{URU}Zi-ip-pa<-la>-an-da ^{DINGIR}LAMMA

18 ^{DINGIR}Ḫa-te-pí-nu-un $^{ḪUR.SAG}$Iš-da-ḫa[-r]u-nu-u̯a

19 EGIR-an-da-ma DINGIR^{MEŠ} URU^{LIM} a-⌜ku⌝-u̯a-an-zi ⌜UD.I^{KAM}⌝

---

20 *I-NA* UD.II^{KAM} x[-ká]n-pát ^{UZU}Ì-kán

21 ku-it kur-kán[- T]U$_7$$^{ḪI.A}$ DÙ-an-zi

22 a-da-an-na x[T]U$_7$$^{ḪI.A}$-kán gur-kán-zi

23 DINGIR^{MEŠ} a-pu-u-u[š] a-ku-u̯a-an -zi

---

24 ma-a-an zi-in[-n]a[-a-an-zi]x *A-NA* $^{LÚ.MEŠ}$ŠU.GI

25 pé-ra-an ḫu[-]x[-]x-ma-kán É.ŠÀ-ni
26 an-da pa-a[-]x-aš-ta *ŠA* ^{DINGIR}U ḫa[-]
x x
27 [ ] x x x [ ] x x-⌈an⌉-zi
28 [ ] x x

Nummer 148 (Bo 2413)

CTH: 678
Datierung: jh.
Anschlüsse: -
Duplikate: -
Bearbeitung: M. Popko, Or 61 (1992), p. 471; V. Haas/I. Wegner, OLZ 86 (1991), Sp. 172; I 6-15 M. Forlanini, SMEA 40 (1998), p. 220 Anm. 8; I 6-10 H. Otten, RlA V 464 s.v. KASKAL.KUR; I 6-15 H. Otten, BT, p. 34

Vs. I

1 ⌈lu⌉-uk<-ka$_4$>-ti-ma-kán L[UGAL-uš]
2 ^{URU}Ḫa-an-ḫa-na-az [ú-iz-zi]
3 nu *I-NA* ^{URU}Ḫa-at-t[e-
4 an-da-an *IŠ-TU* ^{GIŠ}[GIGIR]
5 pa-iz -z[i]

---

6 ma-a-na-aš-ta LUGAL MUNU[S.LUGAL]
7 ^{DINGIR}KASKAL.KUR-aš ša-ra-a [ ]
8 a-ra-an -z[i]
9 na-an-za-an a-ú-ri[-in]
10 ḫal-zi-eš-ša-an [-zi]
11 ^{URU}Ta-ši-mu-az [
12 ta-kán LUGAL-u[š]
13 *IŠ-TU* ^{GIŠ}GIGIR k[at-ta]
14 ti-i̯a -z[i]

15 na-aš *A-NA* DINGIR^{MEŠ} *U*[*Š-KE-EN*]

---

16 GAL $^{\text{LÚ.MEŠ}}$SAGI.A [ ]
17 ta-pí-ša-na-an GUŠKI[N]
18 LUGAL-i pa-ra-a ⌜e-ep⌝-z[i]
19 LUGAL-uš-kán *QA-TAM* [ ]
20 tu-u-u̯a-az d[a-a-i]

---

21 GAL $^{\text{LÚ.MEŠ}}$SA[GI.A
22 x[

Rs. VI
x+1 x[
2’ ta-x[
3’ GAL ^{LÚ}[$^{\text{.MEŠ}}$
4’ ta-pí-⌜ša-na⌝-[an
5’ mar-nu-u̯a-an-te-e[t
6’ LUGAL-uš *A-NA* ^{DINGIR}U ^{U}[^{RU}Ne-ri-ik]
7’ III-*ŠU* ši-pa-an-ti [^{LÚ}ki-i-ta-aš]
8’ ⌜me⌝-ma-i ^{LÚ}pal-u̯[a-tal-la-aš]
9’ pal-u̯a-iz[-zi]

10’ DUB.II^{KAM} [ ]
11’ *ŠA* ^{DINGIR}U ^{URU}N[e-ri-ik
12’ SAG.UŠ$^{\textit{NI}}$[$^{\textit{M}}$
13’ ku-it-ma-an x[
14’ ^{URU}Ḫa-pa-at-ḫa [
15’ *Ú-UL* *Q*[*A-TI*]

Nummer 149 (Bo 2286)

CTH: 212
Datierung: jh.
Anschlüsse: -
Duplikate: -
Bearbeitung: -

Rs. lk.Kol.

x+1 [ ]x

2' [ ]
3' [ ]x
4' [-]za-˹ša˺-za
5' [ ]x

6' [ ] x x-da-an
7' [ ] LUGAL$^{UT\text{-}TIM}$
8' [-]an
9' [ ] *QA-TAM-MA*-pát

10' [ ]x^{MEŠ} x^{MEŠ} ˹DUMU˺-an
11' [ ]x-da-an ku-i-e-eš
12' [-]a[-]x
13' [ ]-˹da-a-ḫi$^?$˺-ta-ri
14' [ ]x-ep

15' [ ]x-mi
16' [ ] iš-ḫi-ú-ul *QA*-

TAM-MA-pát

Nummer 150 (Bo 1993)

CTH: 209
Datierung: jh.
Anschlüsse: -
Duplikate: -
Bearbeitung: Vs. 5(').6(') E. Neu, StBoT 5, p. 55; Vs. 8(')f. H. Otten, StBoT 17, p. 24

Vs.

x+1 [ ]x[
2' [am-mu-]uk ⌈*Ú-UL*⌉ x[
3' [nu-u̯a-r]a-an-za-an le-e ⌈me-ma-at-te⌉-n[i
4' [ ]x-ša-an ḫa-an-da-an *A-NA* ⌈ŠEŠ⌉-*I̯A* [
5' [ku-u̯]a-at *Ú-UL* ḫi-in-kat-ta *Ú-UL* k[i-
6' [nu-u̯]a-aš-ma-aš kat-ta ku-u̯a-at ḫa-li-i̯[a-
7' [ma-]aḫ-ḫa-an u̯a-tar-na-aḫ-ḫa-an ḫar-zi nu-u̯[a-

8' [ma]-⌈a⌉-an-ši da-ma-uš DUMU.MUNUS^{MEŠ}-*I̯A* pé-ra-an [
9' [am]-⌈mu⌉-ga ku-u̯a-at *Ú-UL* [DU]MU^{MEŠ} MUNUS.DUMU ^{MUNUS}*NAP-TI*[*R*-
10' [ ]x a-pí-i̯a-pát iš-ta-ma[-a]š-ta nu *A-NA* Š[EŠ-*I̯A*
11' [a-]pa-a-ša ⌈ku⌉-uš-ša-an ^{LÚ}*ṬE*$_4$-*MU* *ŠA* ŠEŠ[-*I̯A*
12' [ ] ⌈a⌉-pa-ša-aš-ši tar-kum-mi-i̯a-aš ku-it *Ú-U*[*L*
13' [ ]x-na-an a-uš-ta-ma ku-it ma-an[-
14' [ ]x [ ]x II-an x x-ul ^{LÚ}*ṬE*$_4$-*MI*-x[
15' [ ]x-da x x [-k]i-it nu ^{m}A[n-
16' [ ]x x u̯a$^{?}$-aḫ-x[ ]x nu-mu-kán [
17' [ ]x *I-N*[*A*] x x me-mi-i[š-

Rs.

1 [nu-]mu-⌜kán⌝ *A-N*[*A*

2 [ ]x-aš ku-ṷa-pí nu-z[a

3 [-]a *Ú-UL* pa[-

4 [-i]s-ki-u-ṷa-an [

5 [-i̯]a-⌜az⌝-za m[a-

6 [-]a nu x[

Nummer 151 (Bo 2448)

CTH: 483

Datierung: jh.

Anschlüsse: (+) KUB 15.33a (+) KUB 15.33b (+) KUB 58.76 (+) KUB 15.38 (+) IBoT 4.33 (+) Bo 4677 (+) Bo 8464 (+) KBo 53.45 (+) Bo 69/264

Duplikate: KUB 15.34 II 6ff.; KBo 13.126

Bearbeitung: Vs. 5 D. Sürenhagen, AoF 8 (1981), p. 100; Rs. 5' E. Rieken, StBoT 44, p. 213; J.V. García Trabazo/D. Groddek, DBH 18, p. 196.237

Vs.

1 [nu ú-]da-at-tén *A-NA* LUGAL MUNUS.LUGAL TI-tar ḫa-ad-du-la-tar MU$^{KAM.ḪI.A}$ G[ÍD.DA]

2 [i-la-ta]r DUMU.NITA^{MEŠ} DUMU.MUNUS^{MEŠ} ḫa-a-aš-šu-uš ḫa-an-za-aš-šu-uš DINGIR^{MEŠ}-aš a-aš-ši-i̯a-⌜u-ṷa⌝-ar

3 [DINGIR^{MEŠ}-aš mi]-⌜ú⌝-mar tar-ḫu-i-la-tar nu-ú-un iš-ta-ma-aš-šu-ṷa -ar

4 [nu *A-N*]*A* IGI$^{ḪI.A}$-ṷa *LI-IM* la-ap-li-pu-uš kar-ap -tén

5 [na-aš-ta LUGAL MUNUS.] LUGAL an-⌜da a⌝-aš-šu-li a-⌜uš⌝ -tén

---

6 [nu EGIR-pa šu-me-in-za-an ^{É}ka-r]i-im-n[a-aš SIG$_5$-a]n-⌜da⌝-aš pár-ku-u̯a-i̯a-aš

7 [ú-u̯a-at-tén nu-za-an EGIR-pa šu-me-in-za-an ^{GIŠ}DAG-ti tap-ri-i̯]a ú-u̯a-at -tén

8 [nu-za-an kat-ta šu-me-in-za-an pár-ku-u̯a-i SIG$_5$-an-ti mi-iš-r]i-⌜u̯a⌝-an -ti

9 [^{GIŠ}ŠÚ.A e-eš-te-en nu kat-ta tar-na-at-tén *A-NA* LUGAL MUNUS. LUGAL TI-ta]r ḫa-ad-du-la-tar

10 [MU$^{HI.A}$ GÍD.DA i-la-tar DUMU.NITA^{MEŠ} DUMU. MUNUS^{MEŠ} ḫa-a-aš-šu-uš ḫa-an-za-aš-š]u-uš!

11 [LÚ-ni LÚ-na-tar tar-ḫu-i-la-tar MUNUS-ni MUNUS-na-a-tar an-ni-tal-u̯a-a -tar

---

12 [iš-tar-na-kán a-aš-ši-i̯a-u-u̯a-ar ...
x[ ]x

...

20' [
] ku-u̯a-pí

Rs.

x+1 [EGIR-*ŠU*-ma pa-aḫ-ḫu-e-na-az *QA-TAM-M*]*A* ḫu-i[t-ti-i̯a-zi

2' [ ] KUR ^{URU}*ḪA-AT-T*[*I*

3' [ma-a-an-za] UDUN ḫar-ša-aš [kal-ma-an-na-aš]

4' [ḫe-e-ri-na-aš] nu-⌜uš⌝-ma-aš-kán ka-a-ša [

5' [UDUN-az ḫar-ša-aš ka]l-ma-an-na-az ḫe-e-ri-na-x[

6' [ ]x nu ú-u̯a-at-tén na-aš-ta x[

7' [-]ma-at nu *A-NA* LUGAL MUNUS. LUGAL TI-tar [ ]

8' [ḫa-ad-du-]la-tar DUMU.NITA^{MEŠ} DUMU.

MUNUS^{MEŠ}

9' [ ] pí-iš-kit$_9$-tén KI.MIN

10' [ ] a-an-ni-eš-ki-u-u̯a-ni "PAB"

11' [ ]x u$^?$-i̯a-an-ni-eš-ki-i̯a-u-u̯a -ni

12' [š]a-ra-a *IŠ-TU* ^{GIŠ}KUN$_5$ KÙ.BABBAR ú<-u̯a>-at-tén

13' [ ]x-ta-az ḫu-it-ti-i̯a-an-te-eš e-eš -tén

14' [*Š*]*A*$^?$ É.DINGIR^{LIM}-*KU-NU* ú-u̯a-at-tén

Nummer 152 (Bo 2463)

CTH: 670
Datierung: jh.
Anschlüsse: -
Duplikate: -
Bearbeitung: V. Haas/I. Wegner, OLZ 86 (1991), Sp. 173; A. Taggar-Cohen, JANER 2 (2002), p. 143-146; I 6(').8(').16(') H. Ehelolf, ZA 43 (1936), p. 194; I 6(').8(').16(') H. Otten, StBoT 15, p. 10; I 8'f. H. Otten/C. Rüster, ZA 64 (1975), p. 49; I 16(')-18(') CHD *P* I 373b; I 17(') HEG II 644; 18' F. Starke, StBoT 23, p. 30

Vs. I[?]

x+1 [ ]x[

2’ [ ]x pé-eš-k[án-zi

3’ [ ]x-zi ^{DINGIR}Ḫa-aš-g[a-la

4’ [-z]i ne ^{LÚ}SANGA G[IBIL$^{?}$ -z]i

5’ [*QA*-]*TAM-MA* ir-ḫa-a-an-z[i]

6’ [-t]a $^{LÚ.MEŠ}$SANGA II-i-la ⸢^{URU}Zu-up⸣-pa-ra pa-a-an-zi

7’ [ ] kar-pa-an ḫar-zi na-aš pé-ra-an ḫu-u-i̯a-an-za

8’ [-m]a-aš-ša-an ^{LÚ}GUDU$_{12}$ ^{URU}Zu-up-pa-ra ar-ta DINGIR^{L}[^{AM}]

9’ [ŠU.]GI kat-ti-iš-ši a-ra-an-ta ^{LÚ}SANGA GIBIL *UŠ-K*[*É-EN*

10’ [^{L}]$^{Ú.MEŠ}$GUDU$_{12}$ DINGIR^{MEŠ} ŠU-iš-ši ti-an-zi

11’ [ka]r-ap-zi

12’ [ ]x *UŠ-KÉ-EN-NU* ta-aš-ši a-ku-u̯a-an-⸢na⸣ pí-an-zi

13’ [-š]a-ma-aš EGIR-pa a-pé-e-el a-ku-⸢u̯a⸣-an-na pa-a-i

14’ [-]da URU^{LIM}-i̯a pa-a-an-zi $^{MUNUS.MEŠ}$KI.SIKIL EGIR-*ŠU-NU* SÌR ⸢*RU*⸣

15’ [ ] LÚ^{MEŠ} URU^{LIM} kat-ta-an ⸢iš⸣-ḫu-u-u̯a-a-an-zi

16’ [ ] ⸢É⸣.DINGIR^{LIM} pa-a-an-zi nu ⸢*ŠA*⸣ LÚ^{MEŠ} ^{URU}Zu-up-pa-ra

17’ [-i̯]a-an-zi na-aš-ta ku-e-⸢el⸣[69] pu-u-li-it

18’ [ ]x i-i̯a-an-zi nu-za $^{LÚ.MEŠ}$SANGA pár-na ḫal-za-a-i

---

[69] Nicht kue SIKIL wie im HEG II 644.

19’ [ ] pa-a-an-zi ^{LÚ}GUDU$_{12}${Ras.}-⸢kán⸣ DINGIR^{MEŠ}

20’ [-z]i nu-uš-ša-an iš-ta-na-ni da-a-i

21’ [-z]i ne a-da-an-na e-ša-an-⸢ta⸣-ri

22’ [ ] LUGAL-u̯a-aš ti-an-zi $^{\text{LÚ.MEŠ}}$⸢Ú.ḪÚB ^{DUG}⸣GAL-ri

23’ [-š]a-an *A-NA* $^{\text{LÚ.MEŠ}}$SANGA NINDA[-an] ti-an-zi

24’ [-š]a-an ti-an-zi na-aš-t[a] pa-an-zi

25’ [ ]x nu tar-ku-u̯a-an-zi ma-a-a[n ḫ]u-u-i-i̯a-⸢an-zi⸣

26’ [ ]x ḫa-aš-ši-i ti-an-z[i] x x

27’ [ ]x ⸢nam-ma⸣ I-*ŠU* x[

28’ [ ]x x[

Vs. II$^{?}$

x+1 x[

2’ MUNUS^{M}[^{EŠ}

3’ ^{LÚ}GUDU$_{12}$ [

4’ nu-uš-ši x[

5’ nu-za DINGIR^{MEŠ} x[

6’ ^{LÚ}SANGA-ìš(-)x[

7’ *UŠ-KÉ-EN* [

8’ [ ]x x[

…

14” ⸢pa-ra-a⸣-ma[-a]š DING[IR

15” nam-ma pa-r[a-a

16” pa-ra-a-ma-a[š
17” ap-pa-an-z[i
18” NA4ḫu-u-u̯a[-ši(-)
19” nu DINGIR^{MEŠ} x[
20” nu BAL-⸢an⸣-[zi
21” nu-uš-š[a-an

22” pa-ra-a[-ma
23” ap-p[a-
24” nu [

Nummer 153 (Bo 2432)

CTH: 492
Datierung: jh. (spät)
Anschlüsse: + KUB 45.28 + KUB 39.97 + KUB 47.59 (+) IBoT 2.119 (+) KBo 22.233 (+) 1516/u + KBo 13.193 (+) KBo 54.72 (+) 62/u (+) 270/w
Duplikate: KUB 17.20 + KBo 54.71 + Bo 3814 (+) IBoT 3.83; FHL 56
Bearbeitung: H. Otten, HTR, p. 99 Anm. 2; 7’ RGTC 6, p. 551; 9(’).12(’). 14(’) CHD *L/N*, 119 s.v. *makalti-*; 9’.12’.14’ D. Schwemer, THeth 23, p. 108 Anm. 258; 10(’) H. Otten, RlA VI 374 s.v. *Kurwašu*; 11(’) H. Otten, RlA IV 416 s.v. *Ḫingallu*; 14’ H.A. Hoffner, Al.Heth., p. 170; V. Haas, MMMH, p. 606 Anm. 155

Rs.

x+1 [ ] x
x x [
2’ [ ]
IN-BU mi-i̯a[-an-na-aš
3’ [NINDAma-kal-t]i-iš
UR.⸢GI7⸣ḪI.⸢A⸣ [

4’ [ ]x-*UT-TUM* šu-ti-i̯a[-

5’ [ ] I MUŠEN NÍG.TUKU ^{DINGIR}Kur-u̯a[-

6’ [I UD]U E-la-u-u̯a I UDU ^{DINGIR}⸢Ḫi⸣-[la-aš-ši

7’ [ ]-⸢ta$^{?!}$⸣ $^{\text{I}_7}$Šu-up-pí-lu-li-⸢i̯a⸣ [

8’ [ ]x KUR$^{\text{ḪI.A}}$ I UDU al-da-an-na-aš PÚ^{ḪI}[$^{\text{.A}}$

9’ [ ] ⸢I⸣ ^{NINDA}ma-kal-ti-iš I MUŠEN Ḫu-mu-un-⸢ni⸣ [

10’ [ ] ^{DINGIR}Da-ra-u-i-i̯a I UDU ^{DINGIR}Kur-u̯a-šu [

11’ [DUMU ^{DINGIR}*É-*]*A* I UDU ^{DINGIR}A-a-ra I UDU ^{DINGIR}Ḫe-en-kal-li [

12’ [du-um-ma-an-t]i-i̯a I MUŠEN I ^{NINDA}ma-kal-ti-iš ka-ri-i̯a[-aš-ḫi

13’ [ú-š]a-a I UDU-ma-aš-ma-aš ták-ša-an [

14’ [ ] ^{NINDA}⸢ma⸣-[ka]l-ti-iš ZAG$^{\text{ḪI.A}}$-uš KASKAL$^{\text{ḪI.A}}$ [

15’ [^{L}]^{Ú}SUKKAL ḪUR.S[A]G$^{\text{ḪI.A}}$ I UDU ^{LÚ}SUKKAL DINGIR^{ME}[^{Š}

16’ [ ]x ⸢^{DINGIR}⸣Ḫé-pát še-ek-n[u-]x-i-pa-la-aḫ-ši x[

17’ [ḪU]R.SAG I$_7$ me-er-ta-a[t n]a-an ^{DINGIR}Pít-ḫa[-nu-]x-⸢ki⸣-pát

18’ [ ]x-u̯a-an-ni [ ] [ ]

Nummer 154 (Bo 2470)

CTH: 787
Datierung: jh.
Anschlüsse: -
Duplikate: -
Bearbeitung: V. Haas/I. Wegner, OLZ 86 (1991), Sp. 173; V. Haas & al., ChS I/9, Nr. 125; I. Wegner, ChS I/3.2, Nr. 24; II 12(') H. Otten, RlA VI 383 s.v. *Kušuḫ*

Vs.$^{?}$

x+1 [ ] x x x x [

2' [ ] ⌈ZÌ⌉.DA ḫa-zi-la-aš V [NINDA.SIG]

3' [I u̯a-ak-šur Ì.GIŠ NINDA.]LÀL ku-iš-ša pa-ra-a t[e-pu

4' [ ]x te-pu iš-ḫu-u̯a-a-an x x x[70] [

5' [ši-pa-an] {Rasur} -ti

6' [ta]r$^{!}$-na-aš Ì LÀL I tar-na-aš GEŠTIN ^{GIŠ}*IN-BI*$^{\text{HI.A}}$

7' [i]š-ḫu-u-u̯a-a-an *A-NA* ^{DINGIR}IM

8' [ši-pa-a]n -ti

9' [^{DINGIR}Da-aš-]mi-iš I SILA$_4$ *QA-TAM-MA* ši-pa-an-ti

10' [G]UNNI[71] I SILA$_4$ KI.MIN

11' [^{DINGIR}Še-e]r-ri ^{DINGIR}Ḫu-ur-ri I SILA$_4$ KI.MIN

12' [^{DINGIR}K]u-šu-⌈uḫ$^{!}$⌉ I SILA$_4$ KI.MIN

---

[70] Zu einer hypothetischen Lesung siehe I. Wegner, ChS I/3.2, p. 101.

[71] Oder ^{DINGIR}...]x-ne.

13’ [ ] ^{DINGIR}⸢Kum⸣-mar-bi I SILA$_4$ KI.MIN

14’ [Z]Ì.DA ḫa-zi-la-aš V NINDA.SIG I u̯a-ak-šur Ì.GIŠ

15’ [n]u-uš-ša-an NINDA.LÀL$^{\text{ḪI.A}}$ ḫu-u-ma-an-te-eš

16’ [ ]x ku-it-ta ½ *UP-NI* iš-ḫu-u-u̯a-a-an

17’ [ ] ši -pa -an -ti

18’ [ ]x[72]-u-u̯a-an-na-az ar-ḫa ap-pa-an-zi

19’ [ ]x ši-pa-an-da-an-zi ma-⸢aḫ-ḫa-an⸣-m[a]

20’ [ ]x-uš ši-pa-an -ti [ ]

21’ [ ] x x x [

Rs.[?]

x+1 [ḫ]a-⸢zi⸣-la-aš

...

4’ [ ] {Rasur}

5’ [ ]x *A-NA ŠUM*^{MEŠ}*-ŠU* KI.MIN

6’ [ ] e-ra-aš-ši-i̯a KI.MIN

7’ [ ]-⸢i̯a⸣ KI.MIN

8’ [ ]x i-ni-i̯a ⸢i⸣-ri-ri-i̯a

9’ [ ] {Rasur}

...

12” [ ]x-ma

13” [ ]x ḫu-u-ru-ub-bi ^{DINGIR}U-bi

14” [GU]NNI KI.MIN

15” [ ]x-na KI.MIN

16” [-]e-ri

---

[72] Nicht d]u-° mit I. Wegner, ChS I/3.2, p. 101, allenthalben d]u<<-u>>-.

17” [ ] SILA$_4$

Nummer 155 (Bo 2466)

CTH: 670
Datierung: jh.
Anschlüsse: -
Duplikate: - (par. KUB 20.28 IV 5’-15’)
Bearbeitung: S. Košak, ZA 84 (1994), p. 290; Vs. 4’-9’ D. Yoshida, THeth 22, p. 335f. Anm. 47; Rs. 13’ff. D. Yoshida, THeth 22, p. 118 Anm. 62; p. 344 Anm. 61

Vs.

x+1 [ ]x[
2’ [-]eš-⸢kán⸣-[
3’ [ ]x ⸢tar⸣-ku-u̯a-an[-zi
4’ [^{LÚ}SAGI].⸢A⸣-aš ⸢^{NINDA}⸣u̯a-ge-e[š-šar še-ep-pí-it-]ta-aš
5’ [LUGAL-i pa-a-i] LUGAL-uš pár-ši-i̯a [ ]
6’ [ták-kán u̯a-k]i na-an-kán pa-ra-a pé-e-da-a-i
7’ [GAL $^{\text{LÚ.MEŠ}}$*ME-ŠE-D*]*I ŠA* ^{LÚ}KAŠ$_4$.E
8’ [gal-di tar-kum]-⸢mi⸣-i̯a-iz-zi
9’ [^{LÚ}KAŠ$_4$.E *U*]*Š-KE-EN* ta-az da-a-i
10’ [p]a-iz -zi
11’ [ ]x ^{URU}PÚ-na-ma pí-an[-zi]
12’ [pár-aš-na-u-u̯]a-aš-kán ú-iz -zi
13’ [ ]x ge-nu-u̯a-aš G[ADA]x[

14’ [ ] TUŠ-aš *QA-TAM-M*[*A*
15’ [$^{\text{LÚ.MEŠ}}$GA]LA SÌR^{RU} x[
16’ [ ]x ^{LÚ}pal-u̯a-a[t-tal-la-aš
17’ [pal-u̯]a-iz-zi [ ]
18’ [ ]x[

Rs.

x+1 [ ]x[

2’ [pé]-⸢e⸣-da-i ^{NINDA}zi-⸢ip⸣-[pu-la-aš-ši-in]

3’ [ti-i̯a-]an-zi pár-aš-na-a-u-u̯a-a[š-kán]

4’ [ú-iz-zi DUM]U^{MEŠ} É.GAL ge-nu-u̯a-aš G[ADA

5’ [LUGAL] MUNUS.LUGAL GUB-aš ^{DINGIR}GAL.ZU a[-ku-u̯a-an-zi]

6’ [GIŠ] ⸢^{DINGIR}⸣INANNA GAL $^{LÚ.MEŠ}$ḫal-li-i̯[a-ri-eš]

7’ [SÌ]R^{RU} ^{LÚ}ALAM.ZU_9 me-m[a-i]

8’ [^{LÚ}p]al-u̯a-at-tal-aš pal-u̯a-a-⸢iz⸣-[zi]

9’ [^{LÚ}k]i-i-ta-aš ḫal-za-a-i

10’ [^{NINDA}z]i-ip-pu-la-aš-ši-in pár-ši-i̯a

11’ [-]x-šar ar-nu-u̯a-an-zi

12’ [na-a]t-kán pa-ra-a pa-a-an-zi

13’ [GAL $^{LÚ.MEŠ}$*M*]*E*-⸢*ŠE*⸣-*DI* LUGAL-i *ŠA* $^{LÚ.MEŠ}$ALAM.ZU[9]

14’ [^{DUG}ḫu-u-up-pár] GEŠTIN

15’ [tar-ku-mi]-⸢e⸣-ez-zi[73]

16’ [ ]x ḫa-at-ti-li

17’ [ ]x ⸢GEŠTIN⸣ x[

Nummer 156 (Bo 2477)

CTH: 389
Datierung: jh.
Anschlüsse: -
Duplikate: KUB 36.91 (+) KUB 43.68; 871/z; 702/z
Bearbeitung: S. Košak, ZA 84 (1994), p. 290; H. Otten/C. Rüster, ZA 64 (1975), p. 243-244; I. Singer, Prayers, p. 24f. (Nr. 2); R.

[73] Oder °-i̯]a-iz-zi.

Lebrun, Hymnes, p. 394; G. Torri, Or 72 (2003), p. 219 Anm. 15; Th. van den Hout, DMOA 25, p. 74; Rs. 12(').14(') H.A. Hoffner, Laws, p. 205f.; Rs. 12ff. A. Ünal, Ḫantitaššu, p. 63

Vs.

1 [-]ša-an ⌈LUGAL⌉-uš ša-ra-a[

2 [-]na pa-iš ez-za-aš-te-en [

3 [ ]x-pí-⌈iš⌉-te-en e-ku-u[t-te-en

4 [ma-a]ḫ-ḫa-an-ma ITU.GIBIL ti[-i̯a-zi

5 [-]u̯a-aš e-eš ša-ri-iš-š[i-it

---

6 ⌈ku⌉-u̯a-at-⌈kán⌉ DINGIR^{MEŠ}-eš LUGAL[-uš ti-

7 ta-ri-i̯a-an-za-aš-⌈mi⌉-iš ú-u[k

8 kar-pa-an ḫar-mi ^{GIŠ}iš-ḫa-u-u̯[a-ar-ša-mi-it

9 ú-uk ḫar-mi mi-ma-al-⌈ša⌉-mi-i[t iš-pa-an-tu-

10 an-ni-iš-⌈ki⌉-mi *A-NA* DINGIR^{MEŠ} n[a-aḫ-ḫa-an-za ú-uk

11 ta-ri-i̯a-an-za ú-uk nu me-ma-a[l ^{NINDA}u̯a-

12 iš-pa-an-tu-uz-zi-aš ta-ri-i̯[a-an-za ú-uk

---

13 nu-⌈kán⌉ DINGIR^{MEŠ}-eš an-da aš-šu-li na-i[š-

14 nu-⌈kán⌉ ku-it *I-NA* É-*IA* an-da u̯a-x[

15 x[-]ni-in-kán-za u̯a-aš-ta-aḫ-ḫu-un ták-ku ⌈a⌉-[

16 x x x-ḫu-un [ ] nu u̯a-aš-ta-uš-mu-uš [

---

17 [ ]x[

Rs.

x+1 [nu-uš-š]i ⌈ge-en-zu⌉ da-⌈an⌉-x[

2' [-]aš-ša LUGAL-i še-er *QA-TAM*-⌈*MA*⌉ [

3’ [ ] x x [

4’ nu ^{DINGIR}UTU-uš ^{DINGIR}U-aš-ša a-aš-šu IGI$^{HI.A}$-u̯a [ḫar-te-en]

5’ na-aš-ta LUGAL-un MUNUS.LUGAL-an-na an-da S[IG$_5$-ante-et IGI$^{HI.A}$-it]

6’ a-uš-tén nu-uš TI-an ḫar-te-⌜en⌝ nu ⌜ku⌝-iš [ki-it-pa-an-tala-az]

7’ LUGAL-u̯a-aš i-da-a-lu-uš-ši-it DINGIR^{MEŠ}-aš ⌜pu-u-ri⌝-[i̯a-aš-ma-aš ú-da-

8’ nu-uš-ša-an DINGIR^{MEŠ}-aš i-da-a-lu ut-tar ⌜a⌝-[pé-e-el-pát]

9’ ⌜ḫar-ša⌝-ni-iš-ši ḫa-li-iš-ši-i̯a [za-aḫ-te-en]

10’ nu MUŠ$^{!}$-aš ma-aḫ-ḫa-an ḫa-at-te-eš-šar ⌜*Ú*⌝-[*UL* u̯a-

11’ i-da-a-lu-i̯a ut-tar EGIR-pa a-⌜pé⌝-el-pát iš-š[a-aš pa-id-du]

12’ [a]p-pé-ez-zi-ša ^{GIŠ}ḫu-u-ur-ki-iš ma-aḫ-ḫa-a[n ḫa-an-te-ez-zi-in]

13’ ḫu-u-ur-ki-in *Ú-UL* ú-e-mi-i̯a-az-z[i LUGAL-un MUNUS.LUGAL-an-na]

14’ ⌜i⌝-da-a-lu-uš ud-da-a-na-an-za *QA-TAM-*⌜*MA*⌝ [le-e ú-e-mi-i̯a-ad-du][74]

15’ ka-a-ša DINGIR^{MEŠ}-aš ud-da-a-ar ⌜AN⌝.[BAR-aš ^{GIŠ}GAG-an

16’ [ ]x x-ḫu-un ⌜na⌝-at xx-aš iš-x[

17’ [ ]x-it nu ITU.⌜GIBIL⌝ [

u.Rd.

18’ [ ]x GAL.GAL DINGIR[

19 [ ]x-ša-an x[

20’ [ ] a[-

---

[74] Die in Einzelheiten abweichende Ergänzung bei A. Ünal, Ḫantitaššu, p. 63, ist wenig wahrscheinlich, da König und Königin als Ritualherren auftreten, nicht ein privater EN.SISKUR, weiterhin der Raum für die Textverteilung äußerst ungleich ausgelastet ist.

---

lk.Rd.

1 [DINGI]R IM x x NA4[

2 [ ]-⸢e⸣-ez-zi *QA-T*[*I*]

Nummer 157 (Bo 2490)

CTH: 458

Datierung: mh.

Anschlüsse: -

Duplikate: -

Bearbeitung: M. Popko, Or 61 (1992), p. 471; S. Košak, ZA 84 (1994), p. 290; M. Hutter, AOAT 318, p. 252; II 3'-8' V. Haas, MMMH, p. 85 Anm. 406; II 7' E. Neu, FS Risch, p. 113; II 10(') CHD *L/N*, 343 s.v. *naḫšaratt-*; II 5' V. Haas, MMMH, p. 398.319; II 6' V. Haas, MMMH, p. 360; II 9'-11' V. Haas, MMMH, p. 56 Anm. 307; II 9'-12' N. Oettinger, StBoT 45, p. 460f.; III 5-6 F. Tjerkstra, CM 15, p. 119 Anm. 87; III 7-10 V. Haas, MMMH, p. 508.551; III 8f. H. Ehelolf, KlF, p. 396; III 12-15(= 13-16) V. Haas, MMMH, p. 508; III(= II) 15'-16' P. Cotticelli-Kurras, THeth 18, p. 145; III 16(= 17) H. Otten, StBoT 11, p. 23 Anm. 1; V. Haas, Gesch.Relig., p. 644 Anm. 27; V. Haas, MMMH, p. 247

Vs. I

x+1 [ ]x

...

2" [-]ši-i̯a-i

3" [ ] ták-na-a-aš

4" [ ]x-na

5" [ ]x-x-pát

...

6’’’ [ ]x-ti

...

7’’’’ [ ]x

Vs. II

x+1 [ ]x[

2’ [ ]x-x-šar ḫa-x x x x x [

3’ nu ^{M}[^{UNUS}ŠU.GI k]i-iš-ša-an me-ma-i *ŠA* ^{DINGIR}ZUEN x x ⸢^{MEŠ}⸣

4’ nu-u̯a ⸢ku-iš⸣ ^{LÚ}*ZI-BU-Ú* nu-u̯a MUNU$_8$ ⸢BAPPIR⸣ NÍG.ÀR.RA da-a-ú

5’ ^{LÚ}NU.^{GIŠ}KIRI$_6$-ma-u̯a *ŠA* SAR$^{ḪI.A}$ NUMUN$^{ḪI.A}$ ḫu-u-ma-an-da ⸢da⸣-a-ú

6’ LÚ ^{GIŠ}BANŠUR-ma-u̯a GÚ.TUR GÚ.GAL GÚ.GAL.GAL da-a-ú ^{LÚ}MUḪALDIM-ma-u̯a

7’ *EM-ṢÚ* GA.KIN.AG NINDA.GÚG da-a-ú $^{LÚ.MEŠ}$pár-šu-u-ra-aš iš-ḫe-e-eš

8’ ka-a-ša-u̯a-aš-ma-aš *IŠ-TU* TU$_7$ šar-ni-in-kán-te-eš e-eš-te-e[n]

9’ nu-u̯a ke-el an-tu-uḫ-ša-aš i-da-a-lu i-na-an i-da-⸢a⸣-[lu-un]

10’ ú-ri-te-ma-an na-aḫ-šar-at-ta<-an> la-aḫ-la-aḫ-ḫi[-ma-an]

11’ tu-up-ra-an nu-u̯a-ra-an-kán an-da *A+NA* UDU$^{DIDLI.⸢ḪI.A⸣}$ [^{LÚ}KÚR]

12’ pé-e-da-at-te-en$_6$ nu-u̯a-aš-ma-aš pé-ra-⸢an⸣ [

13’ e-eš-tu ⸢EGIR⸣-an-na-u̯a-aš-ma-aš na-na-⸢an⸣-[

14’ nu-u̯a-za ku-iš-ša *ŠA* a-pé-el ^{LÚ}x[

15’ pa-ra-a nam-ma ne-e-i̯a-an-te-eš [

16’ aš-nu-u̯a-an-te-eš ir-ḫa-an-te-eš ⸢e⸣-[eš-te-en

17’ ke-e-da-ni an-tu-uḫ-ši EGIR[-

18’ e-eš-te [-en]

19’ nu-uš-ša-an *A-NA* GIŠ.N[Á

20’ nu-uš-ši-iš-ša[-an

Rs. III

1 nu-u̯a-kán ^{DINGIR}Tu-na-pí-iš *IŠ-T*[*U*

2 NINDA.GUR$_4$.RA TUR ḫi-eš-ša-ma-aš nam-ma-u̯a x[

3 *Ù ŠA* KUR $^{URU!}$Lu-uk-ka$_4$-a nam-ma ap-pí-i[š-

4 an-da pa-a-an-zi nu-za ḫu-u-ma-an-za še-eš [-zi]

---

5 nu-za ma-aḫ-ḫa-an ḫu-⸢u⸣-ma-an-za še-eš-zi nu ^{MUNUS}ŠU.G[I

6 kat-ta-an-na ⸢ar⸣-ḫa da-a-i na-at-kán ku-ut-ta-a[š

7 nu ^{MUNUS}ŠU.GI ki-iš-ša-an me-ma-i na-aḫ-šar-nu-uš$^!$-ki<-ir>-u̯[a-ra-an ku-i-e-eš]

8 ú-ri-te-nu-uš-ki<-ir>-u̯a-ra-an ku-i-e-eš nu-u̯a-aš-ma-aš IGI$^{ḪI.⸢A⸣}$ [-u̯a da-šu-u̯a-an-da-aš]

9 da-at-tén GEŠTU$^{ḪI.A}$-ma-u̯a-aš-ma-aš du-ud-du-mi-i̯a-an-da-aš t[a-at-te-en]

10 GEŠTU-it iš-ta-ma-aš-te-ni le-e IGI-it-ma-u̯a ša$^!$-ku[-u̯a-i̯a-at-te-ni le-e]

11(!) {Rasur}

---

12 nu-u̯a-aš-ma-aš ki-i KUŠ MÁŠ.GAL nam-ma da-at-te-en nu-u̯a-x[

---

13 na-aš-ta ^{MUNUS}ŠU.GI GE$_6$-az pa-ra-a nam-ma ú-da-a-i nu ki-iš-ša-⸢an⸣ [

14 ke-e-ez-za-u̯a-aš-ma-aš-kán *IŠ-TU* KUŠ MÁŠ.GAL aš-ḫa-nu-u̯a-an-ti-it IGI$^{\text{ḪI.A}}$-u̯a

15 u̯a-al-ḫa-an-te-eš e-eš-te-en nu ^{MUNUS}ŠU.GI KUŠ MÁŠ.GAL ar-ḫa nam-ma

16 túḫ[75]^{uḫ}-ḫu-uš-zi nu-u̯a ki-i KUŠ MÁŠ.GAL nam-ma az-zi-ki-te-en

17 nu-u̯a ka-a-ša ⸢ú-i-e-eš⸣ $^{\text{MUNUS.MEŠ}}$ŠU.GI$^{\textit{TIM}}$ pa-i-ú-u̯a-ni nu-u̯a-an-na-aš EGIR-an

18 nam-ma ḫar-t[e- -]i̯a-u̯a na-aḫ-šar-ra-at-ta-an ú-ri-te-ma-an$^{!}$

19 x x x [ ]x nu-u̯a-ra-at EGIR-pa u̯a-ar-ša-an-ti pé-tum-me-ni

---

20 [-z]i ku-in an-tu-uḫ-ša-an

21 [ ]x ku-e-da-aš *A-NA* GIŠ.⸢NÁ⸣-aš

22 [ ]x-iš-⸢tu⸣

---

23 [ ] x x x [

Rs. IV

x+1 [ ]x

---

[75] tuḫ bei V. Haas, MMMH, p. 508, ist Versehen.

2’ [ ] ne
3’ [-k]án
4’ [-a]n-na-an-
da-an
5’ [-]du-uš
6’ [ ]x
7’ [ ]x-ma
8’ [ ] ša-me-nu-
zi

9’ [ ] iš-pár-ra-
an-zi

Nummer 158 (Bo 3509)

CTH: 490
Datierung: jh.
Anschlüsse: + KUB 60.159
Duplikate: KUB 59.75 (+) KBo 35.103 (+) KBo 35.102; KUB 7.33 + KBo 35.101
Bearbeitung: V. Haas/I. Wegner, ChS I/5, Nr. 51; H. Otten, FS Güterbock[2], p. 166; D. Groddek, DBH 14, p. 127

Vs.

x+1 (= 10) [Ì.UDU ku-uk-ku-ul-la-aš I] ⌜u̯a⌝-ak-šur Ì.DÙG.G[A I u̯a-ak-šur LÀL]

2’ (= 11) [VII GA.KIN.AG VII DUG] *EM-ṢÚ* I BÁN *IN-B*[*U* ^{GIŠ}PÈŠ ^{GIŠ}*SE*$_{20}$-*ER-DUM* ^{GIŠ}GEŠTIN ḪÁD.DU.A]
3’ (= 12) [an-da im-mi-i̯]a-an IV TÚG^{TUM} IV ^{TÚG}k[u-re-eš-šar$^{ḪI.A}$ I TÚG ZA.GÌN I TÚG SA$_5$]
4’ (= 13) [I TÚG *ḪA-ṢAR-T*]*UM* IV *TA-PAL* ^{KUŠ}E.SIR^{Ḫ}[$^{I.A}$ IV

TA-PAL ^{TÚG}*KA-BAL-LI*$^{\text{ḪI.A}}$]

5' (= 14) [I KUŠ GU$_4$ SA$_5$] I KUŠ GU$_4$ GE$_6$ I KUŠ GU$_4$ [BABBAR I KUŠ UZ$_6$ SA$_5$ I KUŠ UZ$_6$ GE$_6$ I KUŠ UZ$_6$ BABBAR]

6' (= 15) [IX ga-an-ga-li]š SÍG ZA.GÌN IX ga-an-ga-liš SÍ[G *ḪA-ṢAR-TUM* IX tar-pa-la-aš SÍG BABBAR]

7' (= 16) [IX tar-pa-la-a]š SÍG ZA.GÌN IX tar-pa-la-aš SÍG S[IG$_7$.SIG$_7$ IX tar-pa-la-aš SÍG *ḪA-ṢAR-TUM*]

8' (= 17) [I ku-ut-t]a-na-al-li KÙ.BABBAR GUŠKIN ZAB[AR

9' (= 18) [na-at] an-da ú-e-šu-ri-i̯a-an-zi [

10' (= 19) [... IV] ku-⌜un-ga⌝-li-⌜i̯a-ti-in⌝ an-d[a

11' (= 20) [ ] K[Ù.BABBAR I SI.GAR KÙ.BABBAR

Nummer 159 (Bo 6968)

CTH: 490
Datierung: jh.
Anschlüsse: + KUB 60.158
Duplikate: KUB 59.75 (+) KBo 35.103 (+) KBo 35.102; KUB 7.33 + KBo 35.101
Bearbeitung: H. Otten, FS Güterbock^2, p. 166; V. Haas/I. Wegner, ChS I/5, Nr. 51; D. Groddek, DBH 14, p. 127

Vs.

1 [*UM-MA* ^{f}A-aš-du ^{MUNUS}ŠU.GI ^{URU}Ḫur-la-aš ma-a-an al-]u̯a-an-za[-aḫ-ḫa-an-da-an]

2 [UN-an EGIR-pa SIG$_5$-aḫ-mi na-an-kán ták-n]a-⌜za da⌝-aḫ-ḫi nu k[i-i da-aḫ-ḫi]

---

3 [I DÀRA.MAŠ I GU$_4$ I UDU I TI$_8^{\text{MUŠEN}}$ I SUR$_{14}$.]DÙ.A^{MUŠEN} I

AR-NA-BU ⸢I⸣ [MUŠ V MUŠEN$^{HI.A}$]

4 [I mu-ú-ta-mu-ti-iš V KU$_6$$^{HI.A}$ I LÚ^{LUM}] ⸢I⸣ ANŠE.KUR.RA I ANŠE. GÌR. NU[N.NA I ANŠE-i̯a da-a-i]

5 [ki-i-ma ku-e ḫu-u-i-tar nu ḫ]u-u-ma-an-pát TI-an [ ]

---

6 [III GU$_4$$^{HI.A}$ IV UDU$^{HI.A}$ ½ *PA* MUNU$_8$ ½ *PA* BAPPIR] ⸢½⸣ *PA* ZÌ.DA ZÍZ ½ *PA* [ZÌ.DA še-ep-pí-it-ta-aš]

7 [I *PA* I *PA* ZÌ.DA kar-aš] I DUG.KA.GAG.A II[I DUG

8 [I MA.NA DUḪ.LÀL *ŠA* UD.III^{KAM} NINDA^{M}]^{EŠ} *I-NA* UD[76]. III^{K}[^{AM} *Ù* XXXIV MUŠEN$^{HI.A}$]

9 [da-a-i III ME NINDA.SIG^{MEŠ} III NINDA.Z]U$_9$ *Ú-NU-UT* [GIR$_4$ I DUG.KA. GAG]

10 [Ì.UDU ku-uk-ku-ul-la-aš I] u̯a-ak-šur Ì.DÙG.G[A I u̯a-ak-šur LÀL]

---

11 [VII GA.KIN.AG VII DUG] *EM-ṢÚ* I BÁN *IN-B*[*U* ^{GIŠ}PÈŠ ^{GIŠ}*SE$_{20}$-ER-DUM* ^{GIŠ}GEŠTIN ḪÁD.DU.A]

Nummer 160 (Bo 2482)

CTH: 523
Datierung: jh.
Anschlüsse: -
Duplikate: -
Bearbeitung: -

lk.Kol.

x+1 [ ]x

2' [-z]i

---

[76] ÉRIN, so bei V. Haas/I. Wegner, ChS I/5, p. 256, bestätigt sich nicht.

3’ [-]at

4’ [-]zi

5’ [-]zi

6’ [-]zi

7’ [-z]i

8’ [-k]a

9’ [-]ḫa pa-⸢an⸣-zi

10’ [ ] ⸢^{DINGIR}⸣IM SAG.DU$^{ḪI.A}$-*ŠU-NU*

11’ [ ] LÚ ^{DINGIR}IM-aš

12’ [-]ma$^{?}$-aš a-ku-u̯a-an-na

13’ [ ]x ap-pa-a-i

14’ [ ]x-u̯a-an-zi

15’ [ ] i-e-en-zi

---

r.Kol.

x+1 x x x [

2’ I GU_4 X UDU$^{ḪI.A}$ [

3’ ta-a-an I *LI* [

4’ I ^{DUG}ta-a-ḫa-š[i-

5’ I ^{DUG}ta-a-ḫa-⸢ši⸣-[

6’ ^{LÚ}AGRIG ^{URU}x[

7’ I GU_4 X UDU$^{ḪI.A}$ [

8’ *ŠA* I *PA-R*[*I-SI*

9’ I ^{DUG}ta-⸢a⸣-[ḫa-ši-

10’ I ^{DUG}ta-⸢a⸣-[ḫa-ši-
11’ ^{LÚ}AGRIG ^{UR}[^{U}

12’ I GU_4 X UDU$^{\text{ḪI.A}}$ x[
13’ *ŠA* I *PA-RI*[*-SI*
14’ I *LI* NINDA$^{\text{ḪI.⸢A⸣}}$ [
15’ I ^{DUG}ta-⸢a⸣-[ḫa-ši-
16’ I ^{DUG}t[a-a-ḫa-ši-

Nummer 161 (Bo 2497)

CTH: 448
Datierung: jh. (spät)
Anschlüsse: -[77]
Duplikate: KUB 17.18 III; 964/v; Bo 3660; HFAC 22; 352/u; VBoT 36; KUB 43.45; KBo 22.250; 1012/z (par. KUB 42.94)
Bearbeitung: M. Popko, Or 61 (1992), p. 471; P. Taracha, Hethitica 10, p. 176; I(= II) 9 N. Oettinger, GS Kronasser, p. 165; II 4 E. Neu, GS Kronasser, p. 134.144; II 7ff. P. Taracha, CHANE 5, p. 129.172; II 11 P. Taracha, CHANE 5, p. 133; II 37ff. P. Taracha, Hethitica 10, p. 183 Anm. 41

Vs. I

x+1 [^{M}]^{EŠ}-i̯a[78]
2’ [-]kán-zi
3’ [ ]x

4’ [-z]i
5’ [ ]x

---

[77] Wäre auf Zugehörigkeit o.A. zu KBo 22.250 zu prüfen.
[78] Etwa Zeile 6.

6’ [-]x-an-zi
7’ [ ]-⸢da⸣
8’ [-n]i

Vs. II

1 tar-pa-a[l-li-e-eš t]ák-na-aš ⸢^{DINGIR}⸣[UT]U-uš ták-na-aš-ša DINGIR^{MEŠ}
2 a-pé-⸢e⸣-[da-aš i-da-la-u-u̯a-aš ud-da-a-n]a-aš e-eš[-ḫa-a-]na-aš iš-ḫa-aḫ-ru-u̯a-aš
3 li-in-⸢ki-i̯a-aš⸣ ḫ[u-u-ur-ti-i̯a-aš a]l-u̯a-an-⸢zé⸣-[n]a-aš pa-ap-ra-an-na-aš
4 i-e-eš-na-aš DINGIR^{MEŠ}-ká[n]x ḪUL-lu me-mi-i̯a-u-u̯a-aš ud-da-ni-i
5 DINGIR^{MEŠ}-aš an-tu-uḫ-ša-aš-s[a -a]n-ni EGIR-an ku-u-uš tar-pa-al-li-uš še-ek-tén
6 *A-NA* EN^{MEŠ} SÍSKUR MU^{Ḫ}[$^{I.A}$ GÍD.D]A ⸢*ŠA* EGIR⸣ *U*$_{4}$*-MI* TI-tar ḫa-at-tu-la-tar
7 EGIR-an tar-na-an ḫar-tén ⸢ka-a⸣-š[a] a-pé-e-da-aš ku-it i-da-la-u-u̯a-aš
8 ud-da-a-na-aš pé-di ku-u-uš tar[-p]a-al-li-uš ti-it-ta-nu-um-me-en
9 nu-za zi-ik ták-na-aš ^{DINGIR}UTU-uš ták-na-aš-ša DINGIR^{MEŠ} ku-ut-ru-e-eš e-eš-tén
10 nu-za a-pé-e-da-aš i-da-la-u-u̯a-aš ud-da-na-aš ku-u-uš EGIR-an še-ek -tén
11 nu-za pé-di le-e ku-it-ki kap-pu-u-u̯a-at-⸢te⸣-ni ši-na-ša-kán
12 x x x-a-aš ud-da-a-ar an-da me-ma-an-zi *Ú-NU-TE*^{MEŠ}*-ŠU-NU*-i̯a ḫi-in-kán-zi

---

13 na-aš-ta ma-aḫ-ḫa-an aš-ša-nu-u̯a-an-z[i -k]án ÉSAG^{MEŠ}-

az UGU ú-u̯a-an-zi

14 nu *A-NA* $^{\text{MUNUS.MEŠ}}$ŠU.GI GIM-an ut-tar n[u *QA-TAM-M*]*A* DÙ-an-zi nam-ma-at-kán a-ni-i̯a-at-x-x

15 ^{GIŠ}ZA[.LAM.GA]R an-da pa-a-an-zi n[a- ^{M}]$^{\text{UNUS.MEŠ}}$ŠU.GI a-ni-i̯a-an-zi

16 [G]IM-an nu GIM-an an-ni[-i̯]a-u-u̯a-an-zi zi-in-na-an-zi

17 [ ]x ⸢SÍSKUR pa⸣-ra-a x[-u̯]a-an-zi na-at-kán *ŠA* ^{DINGIR}UTU AN^{E}

18 [NINDA]. ⸢Ì⸣.E.DÉ.A ḫi-in-⸢kán⸣-zi

19 [ ]x-u-uš-ša-kán *ṬUP-PÍ*-aš

20 [n]a-aš-ta GIM-an aš-ša-nu-an-zi

21 [na]m-ma ÉSAG^{MEŠ}-aš kat-ta-an-da

22 [ḫ]i-in-kán-zi

23 [ ]x-as-ma-aš ma-aḫ-ḫa-an

24 [-m]i-i̯a-⸢an-zi⸣

25 [ ]x x[

...

30’ [... nam-ma-kán EN.SÍSKUR *IŠ-TU*] ⸢^{GIŠ}⸣ KU[N_5 ša-ra-a]

31’ [... *A-NA* $^{\text{MUNUS.MEŠ}}$ŠU.GI GIM-an ut-tar nu *QA-TAM-MA* DÙ-a]n-zi tar-pa-al[-li-uš-ma]

32’ [ḫu-i-iš-u̯a-an-du-uš EGIR-pa a-pu-u-un-pát KASKAL-an ...-
]da-an-zi [ ]

33’ [nu EN^{MEŠ}.SÍSKUR u̯a-ar-pu-u-u̯a-aš *I-NA* ^{GIŠ}ZA.LAM.
GAR$^{\text{ḪI.A}}$ pa-]a-an-zi [ ]

34’ [nu-za u̯a-ar-pa-an-zi UD.II^{KAM} *QA-TI*]

35’ [...-ma *I-NA* UD.III^{KAM} *QA-TAM-MA*-pát] ⸢*I*⸣-[*NA* UD.
IV^{KAM}-i̯]a *QA-TAM-MA*-pát [ ]

36’ [...-an-zi GIM-an-ma zi-en-n]a-an-z[i na]m-ma la-at-ti-in[-ši-
in]

37’ [*I-NA* II(?) GIŠ.ḪUR gul-ša-an-zi nu-uš-ša-an I] GIŠ.ḪUR *A-
N*[*A* UD]U I GIŠ.ḪUR-ma ⸢*A*⸣-*NA* MÁŠ.G[AL]

38’ [an-da ḫa-ma-an-kán-zi nu ÉSAG$^{\text{ḪI.A}}$] an-da ap[-pa-a]n-zi

39’ [nu-uš-kán(?) ták-na-aš ^{DINGIR}UTU-a]š *A-NA* ÉSAG UDU
DINGIR^{MEŠ} [LÚ] ⸢^{MEŠ}⸣ *A-NA* ÉSAG MÁŠ. ⸢GAL⸣

40’ [ap-pa-an-du-uš ḫu-i]š-u̯a-an-du-uš an-da ḫa-⸢ri⸣-i̯a-an-zi

41’ [nu GIM-an ÉSAG$^{\text{ḪI.A}}$ a]n-da ap-pa-an-na zi-in-na-an-zi a-pa-
a-at-kán

42’ [ták-na-za da-a-u-u̯a-aš SÍ]SKUR ši-i-na-aš-ša SISKUR kar-
ap-ta-ri

43’ [nam-ma MUNUS-iš ku-iš T]ÙR i-i̯a-an-za nu *IŠ-TU*
DINGIR$^{\text{\textit{LIM}}}$ kiš-an

44’ [ḫa-an-da-it-ta-at ku]-⸢e⸣-da-ni-pát-kán UD-ti a-pé-e-da-ni

45’ [*A-NA* UD^{KAM} I(?) ÉSA]G GAL pád-da-an-zi nu ^{DINGIR}UTU
AN$^{\textit{E}}$

46’ [ták-na-aš ^{DINGIR}UTU-un-n]a II tar-pa-al-li-uš-ša kiš-an a-še-ša-
an-zi

47’ [a-pí-i̯a-pát ma-n]i-in-ku-u̯a-an ú-e-da-an-te-eš

48’ [ša-ra-az-zi-iš ku-iš] ⸢É⸣.ŠÀ na-aš-ta ^{DINGIR}UTU *ŠA-ME-E*

49’ [an-da-an a-še-ša-an-zi ^{DINGIR}UTU AN] ⸢$^{\textit{E}}$⸣ [ ] ALAM-*ŠU*

50’ [I ALAM GIŠ KÙ.BABBAR GAR.RA ḪUB.BI]x KÙ. BABBAR GAR.RA

51’ [k]i-⌜it⌝-ta-ri

Rs. III

x+1 [ ]x

2’ [ ]x I ⌜*SA$_x$-A-TI*⌝ GAR-ri

3’ [ ] *MA-MI*[*T* D]UG GEŠTIN-ma-aš-ši

4’ [ ]x at za ti-x[DUG.K]A.GAG. A NAG-ma-aš-ši pé-ra-an GAR-ri

---

5’ I GA.KIN.AG I *EM-Ṣ*[*Ú*]x pé-e-da-aš-ša-an

6’ II *SA$_x$-A-TÙ* ḫar-ki-x[I]I *SA$_x$-A-TÙ* kap-pa-a-ni GE$_6$

7’ II *SA$_x$-A-TÙ A-ZA-AN-N*[*U* II *S*]*A$_x$-A-TÙ* ŠE. GIŠ.Ì

8’ II *SA$_x$-A-TÙ* ^{GIŠ}*IN-B*[*U* i]m-mi-i̯a-an-⌜ta⌝

9’ XXX ḫar-la-ti-iš t[i-] x x x x BA.BA. ZA

Nummer 162 (Bo 2564a)

CTH: 530

Datierung: jh.
Anschlüsse: -
Duplikate: -
Bearbeitung: KUB 56, p. VI (sub Nr. 40)

Vs.?

x+1 [ ]x[
2' [*P*]*A* ⌜ZÌ⌝.DA I x[
3' [d]u-uš-ka$_4$-ra-za x[
4' [ ] ⌜II⌝ NINDA.GUR$_4$.RA tar-na-aš x[

5' [ ] DINGIR^{MEŠ} pu-u-la-aš-kán [

Rs.?

x+1 [ ]x-na-ú [
2' [ ]x.MAḪ AN.BAR [
3' [-]du [

Nummer 163 (Bo 2564b)

CTH: 530
Datierung: jh. (spät)
Anschlüsse: -
Duplikate: -
Bearbeitung: J. Hazenbos, CM 21, p. 82-83

x+1 [DU]G.KA.GAG aš-ša-nu[-um-ma-aš

2' [ ] I DUG.KA.GAG aš-ša-nu-um-ma[-aš

3’ [ ] GUB-aš ½$^?$ še-kán ⌜DÙ⌝-an [

4’ [-]an-zi [ ]

5’ [ ]x ^{DINGIR}UTU$^{\textit{ŠI}}$ ME-i[š

6’ [^{DUG}ḫa-ni-iš-š]a-aš KAŠ ^{GIŠ}ZAG.G[AR.RA-ni

7’ [$^{\text{NA}_4}$Z]I.KIN pé-tan$_x$-z[i

8’ [ ] ^{DUG}ḫu-up-pár [

Nummer 164 (Bo 2579)

CTH: 500
Datierung: jh.
Anschlüsse: -
Duplikate: - (par. IBoT 4.30)
Bearbeitung: II 10 H. Otten, StBoT 17, p. 52 Anm. 21; II 10 N. Oettinger, Stammbildung, p. 123; II 12 H.A. Hoffner, Al.Heth., p. 173; II 12 CHD *L/N*, 342 s.v. *naḫ*(*ḫ*)*iti-*

Vs.$^?$ II$^?$

1 [ ]x x[

2 [ ]x NA$_4$$^?$ x x [ ]x x[

3 [ ]x-an-zi nam-ma-at *I-NA* ⌜É⌝ x[

4 [^{LÚ}NINDA.D]Ù.DÙ-ma-at ku-iš šu-un$^!$-ni-i̯a-z[i]

5 [ ] *Ú-UL*-ma ku-iš pár-ku-iš

6 [ ]-⌜an⌝ *Ú-UL* pa-iz-zi

---

7 [n]e-ku-za me-ḫur šu-un-ni-i̯a-zi

8 [-]nu-u̯a-an-zi-pát nu XII ^{NINDA}i-du-ri-in

9 [ ]x-ma NINDA.GÚG-aš i-u̯a-ar iš-tar-na

10 [ ]x-an-ta ta-me-iš-ša-an-za

11 [ ] x x-⌜lu⌝-uš-x-ta-aš *Ú-UL* u̯a-ar-pa-an-z[i]

---

12 [ ]x-zi III na-aḫ-ḫi-ti-ma *ŠA* NINDA *EM-ṢÚ*
13 [ ] x x i-en-zi nam-ma-aš ḫar-ga-a-i[t]
14 [ ]x-an-zi

Rs.? III?

x+1 [ ]x x[
2' [k]u-uš-ša-i[š-] x x x [
3' [ ]x Ì.DÙG.GA la-ḫu-u̯a-a-i
4' [ ]x-na-iš-ki-iz-zi

5' [ ]x-za-ḫa-an ^{GIŠ}ERIN GI-an
6' [^{GIŠ}BAN]ŠUR AD.KID da-a-i nu ^{GIŠ}BANŠUR AD.KID
7' [ ] nu ^{LÚ}ḪAL DINGIR^{LAM} *IŠ-TU* MUŠEN *ḪUR-RI* u̯a-aḫ-nu-zi

---

8' [ ] *IŠ-TU* MUŠEN *ḪUR-RI* u̯a-ah-nu-zi
9' [m]e-ma-i ma-a-an EN.SISKUR ⌈ku⌉-u̯a-at-ka$_4$
10' [-a]n-ti na-aš-šu *IT-TI* ⌈DAM⌉-*ŠU* še-eš-zi
11' [-t]a-ri nu-uš-ša-an ku-it-ma-an
12' [ ]x-di ḫa-an-da-iz-zi EN.SISKUR-ma-kán
13' [*PA*]-⌈*NI*⌉ DINGIR^{LIM} an-da *Ú-UL* ú-iz-zi
14' [ ] x x x ⌈u̯a-at⌉-ku-zi

Nummer 165 (Bo 2577)

CTH: 626
Datierung: jh.
Anschlüsse: + Bo 3604
Duplikate: KBo 8.117

Bearbeitung: Rs. (lk.Kol.) 1'-11' D. Yoshida, THeth 22, p. 191; M. Popko, Or 61 (1992), p. 471; M. Popko, FS Haas, p. 329

Rs. r.Kol.

x+1 x[
2' x[

Rs. lk.Kol.

x+1 (= 8') [^{LÚ}ki-i-da-aš ḫ̮al-za-a]-⌜i⌝
2' (= 9') [^{MUNUS}zi-in-du-ḫ̮i-i̯a-aš ma-a]l-di

3' (= 10') [LUGAL-uš a-ru-u̯a]-⌜a⌝-iz -zi
4' (= 11') [II $^{\text{LÚ.MEŠ}}$GUDU$_{12}$ a-ru-u̯]a$^{!}$-a -an -zi
5' (= 12') [^{LÚ}ki-i-da-aš ḫ̮a]l-za-a -i
6' (= 13') [^{MUNUS}zi-in-du-ḫ̮i-]i̯a-aš pal-u̯a-a-iz -zi

7' (= 14') [LUGAL-uš III(?)-*Š*]*U* ir-ḫ̮a-a-iz -zi
8' (= 15') [^{DINGIR}UTU ^{DINGIR}U ^{DINGIR}M]e-ez-zu-ul -la
9' (= 16') [GIŠ ^{DINGIR}INANNA GAL (?) $^{\text{LÚ.MEŠ}}$ḫ̮]al-li-i̯a-ri-e-eš
10' (= 17') [SÌR^{RU} ^{LÚ}GUD]U$_{12}$ pa-iz -zi
11' (= 18') [ZAG].⌜GAR⌝.RA-ni da-a -i

12' (= 19') [ ] da-a-i GUNNI
13' (= 20') [ḫ̮a-at-]tal-u̯a-aš GIŠ-ru-i da-a-i
14' (= 21') [ ]x-i
15' (= 22') [d]a-a-i

16' (= 23') [-]aš iš-ka$_{4}$-ru-uḫ̮ da-a-i
17' (= 24') [p]é-ra-an III-*ŠU* ši-pa-an[-ti]
18' (= 25') [ ] I-*ŠU*

19’ (= 26’) [ḫ]a-at-tal-u̯a-aš [
20’ (= 27’) [ ]x [ ]
21’ (= 28’) [ši-pa-an-t]i [

Götternamen

Personennamen

Ortsnamen (und Ethnika)

Bergnamen

Gewässernamen

Konträrindex der Anschlußstücke, Duplikate, sowie zur Ergänzung etc. herangezogenen Textstücke